大夏书系·全国中小学班主任培训用书

『魅力班会课』系列丛书

创新微班会

丁如许 主编

华东师范大学出版社
ECNUP

全国百佳图书出版单位

图书在版编目（CIP）数据

创新微班会／丁如许主编 . —上海：华东师范大学出版社，2018

ISBN 978 – 7 – 5675 – 8387 – 0

Ⅰ.①创 ...　Ⅱ.①丁 ...　Ⅲ.①班会—中小学—教学参考资料　Ⅳ.①G635.5

中国版本图书馆 CIP 数据核字（2018）第 230044 号

大夏书系 · 全国中小学班主任培训用书 · "魅力班会课" 系列丛书

创新微班会

主　　编	丁如许
策划编辑	李永梅
审读编辑	张思扬
封面设计	奇文云海 · 设计顾问

出版发行	华东师范大学出版社
社　　址	上海市中山北路 3663 号　邮编　200062
网　　址	www.ecnupress.com.cn
电　　话	021 - 60821666　行政传真　021 - 62572105
客服电话	021 - 62865537
邮购电话	021 - 62869887　地址　上海市中山北路 3663 号华东师范大学校内先锋路口
网　　店	http://hdsdcbs.tmall.com

印 刷 者	北京密兴印刷有限公司
开　　本	700×1000　16 开
插　　页	1
印　　张	13
字　　数	180 千字
版　　次	2018 年 10 月第一版
印　　次	2022 年 10 月第六次
印　　数	15 101–17 100
书　　号	ISBN 978 - 7 - 5675 - 8387 - 0/G · 11539
定　　价	39.80 元

出 版 人	王　焰

（如发现本版图书有印订质量问题，请寄回本社市场部调换或电话 021-62865537 联系）

目录
Contents

团队研究，携手共进

杨蓓蕾[①]

"放飞梦想——引导孩子埋下梦想的种子，追梦路上——激励孩子为梦想打拼，坚持梦想——鼓励孩子为梦想持之以恒、不懈努力，祝福梦圆——在前面三节课的铺垫下，继续鼓励孩子前行，拥抱梦想。四节不同的微班会课，就同一主题层层递进，深化理想教育。相信学生也会对梦想的树立和追寻有更深刻的认识。微班会也可以有大作为，收获满满！"

"微班会时间虽短，但同样可以震撼人心，关键在于构思和研究。四节微班会都以梦想为主题，构思巧妙连续，将德育渗透到学生生活学习的方方面面，以小见大，日积月累，效果将是令人震撼的。"

2018 年 4 月 28 日，在第十一届全国中小学（中职校）班会课专题研讨现场会上，工作室导师丁如许和我、吴丰洪、程琳莉四人合作，上了 4 节理想教育的系列微班会课，得到了与会老师的连连称赞。少先队员们还热情地向我们献上鲜花。

面对鲜花、掌声和赞誉，我不禁回忆起这一年半来我们团队一起走过的路。

---

① 杨蓓蕾，上海市奉贤区古华中学班主任工作室班长，优秀学员。

一、导师引领，走进微班会的殿堂

2016 年 11 月，学校为了加强班主任队伍建设，正式组建了班主任工作室，特邀特级教师丁如许担任我们工作室的导师。我校 11 位学员在丁老师的带领下，开展了"以班会课研究为重点的班主任专业化发展行动研究"。

开班仪式上，丁老师作了工作室课题研究的说明。他告诉我们，班会课是班主任开展班级工作的有效载体，是育德立人的重要抓手。作为班主任一定要掌握上好班会课这一重要技能。他还告诉我们，在信息技术迅速发展的微时代如何上好微班会值得关注，值得深入研究。

"微班会是什么？""怎样上好微班会？"一时我们充满好奇，也有着许多困惑。

为了揭开神秘的面纱，同时为了进一步加强对微班会的研究，2016 年 12 月 27 日，导师丁如许亲自下水，借预备年级（3）班生动演绎了微班会的魅力。

丁老师用一堂课 40 分钟的时间向大家展现了 4 节形式新颖、内容丰富、短小精悍的 10 分钟微班会。《十秒拍手》通过"十秒拍手"活动，引导学生做事要明确目标、改进方法、开头不放松、冲刺更努力，走好人生每一步。《一张照片》通过日本小学四年级学生暑期旅游在清迈机场看书的照片，鼓励学生行囊里要常带一本喜爱的书，聚精会神多读书，养成爱读书、爱学习的好习惯。《抓住时光多读书》通过微调查了解学生的阅读情况，指导学生们认识到阅读的意义，帮助学生解决读书中遇到的问题。《软吸管与硬土豆》通过"吸管穿土豆"活动，寓教于活动中，鼓励学生做事要有勇气，做事敢于实践，在实践中寻找正确的方法。

丁老师的 4 节课让我们眼界大开，真切地感受到什么是微班会，以及怎样上好微班会。由此也形成一个规矩，那就是每个学员都要上课实践，用实际行动打造微班会。

随后，在研修中丁老师向我们剖析了微班会的特点："短、快、小、灵"，"不短不是微班会"。他提出上好微班会要掌握"观看视频、讲述故事、开展活动、分享照片、运用比喻、进行对话"等六大方法，体味其中的味道；强调要将微班会与班级例会、主题班会有机结合起来，灵活运用，确立其应有的地位。

我们奋笔记录，目光灼灼，下定决心要伴随微班会的深入研究和不断发展，打造各具特色的魅力微班会。

二、团队研究，打造优秀课例

然而要打造魅力微班会，必须付出艰辛的努力。在丁老师的指导下，工作室开展了"三个一"的活动，即读一本班主任专业书，写一篇读后感；关注身边一个问题，写一篇工作案例；开一节班会研讨课，写一篇班会课教案。丁老师认为，研究始于阅读，通过阅读开阔眼界，获得智慧；研究紧扣班情，通过班情分析，提高观察力和思考力；研究紧扣重点，通过上课推进工作，巩固成果。

还记得第一次分享自己的读书心得时，我们11名学员手里都拿着自己写好的读后感，心里有点忐忑，不知道丁老师和同伴们怎样评判我们的文章。

李静介绍了读《魅力班会课（初中卷）》后的思考："一堂好的班会课犹如陈酿，经得起时间的洗礼，耐得住岁月的考验；一堂好的班会课，必是精心准备、悉心策划的；一堂好的班会课，凝聚着班主任的智慧和力量。"

吴琴琴分享了读《初中主题教育36课》的心得："读完本书，让我感受最深的一点是班主任必须有大量的知识储备。不管是哪个主题的教育课，需要很多相关的认识，比如《在团旗下成长——谈入团》，班主任需要讲述团的历史，介绍团旗、团徽、团员证。还要有具有说服力的案例，比如《天生我材必有用——谈自信心》，班主任由漫画导入，还要讲述

《快乐的大脚》等故事，不仅吸引学生的注意，激发起他们的课堂兴趣，还能使课堂的教育效果更好。总而言之，班主任要不断地学习，充实自己，以应对自身职业的需求。"

……

接下来的讨论，让我们如沐春风。老师和同伴们既有真诚的指点，也有中肯的批评，而更多的是热情的肯定、建议和鼓励。

这样的研修活动，我们每月开展两次，风雨无阻，雷打不动。在团队研究中，我们不断打造优秀课例。每个年级进行班会课月度设计，每位老师轮流上4节微班会。主题的选择，形式的变化，文案的记录，无不诉说着学员们的努力。丁老师常说，评课不能只说好话，课堂总是有遗憾的，指出不足，才能做得更好，要"知无不言，言无不尽"，畅所欲言，真诚交流。在这样的氛围下，我们迅速成长。

春华秋实，通过一次又一次的上课、磨课、评课，我们不断打造优秀课例。目前，我们已积累形成具有本校特色的30个班会课资料包。

在集体研修的过程中，我和吴丰洪还向汇贤·古华教育集团的学校领导、老师汇报了4节微班会。为了上好这4节课，我们认真磨课，从不懈怠。

渐渐地我们走出了上海。在重庆举行的第九届全国中小学班会课专题研讨现场会和山西平遥举行的第十届全国中小学班会课专题研讨现场会上，我和陆晓平分别作了说课交流。吴丰洪也应邀前往浙江、安徽、陕西等地借班上课……

我们的研究成果也得到了多方肯定。不到两年的时间，我们已在《德育报》《教师报》《福建教育（德育）》《新班主任》《奉贤教育·科研版》等报刊和《魅力微班会》一书中发表文章41篇。

我们对"微班会"从一无所知到现在能灵活运用，案例从无到有，从有到优。感谢学校为我们搭建的平台，让我们自我磨砺，不断完善。感谢丁如许老师对我们的指导和引领，让我们能快速成长。

三、自我磨砺，收获成长喜悦

在团队的研究中，每个人的努力都是很重要的。作为班主任工作室的班长，面对增加的繁重工作，我颇有压力。但有压力，才有动力，不磨砺自己，怎能收获成长的喜悦呢？

近两年的 30 多次活动，我都积极参加，准时到达，一次不落；除了自己的班会课研讨之外，还观摩了其余十位同伴的微班会研讨活动。研修中，我深深感受到丁老师的智慧和学员们的努力。集体的学习，智慧的碰撞，让我收获颇多。

丁老师一直强调我们要多读书，书是基础，书是阶梯。过去我常以工作忙为借口，放弃阅读的机会，现在，在丁老师的督促下，改变了心态，重新捧起书本，阅读让人充满力量，抚平浮躁的心、不安的情绪。面对阅读任务，面对"三个一"的作业，我更加用心，对班主任工作也更有信心。

丁老师非常重视写作。他认为，写作可以整理思路，可以记录心得。写教育类文章，是研究成果呈现的重要形式。我过去慵于动笔，但在工作室的研究中，写教案，写案例，写读后感，情感在笔下流淌，方法在文中呈现。细细一算，在参加班主任工作室的这段时间里，我竟在《德育报》《福建教育（德育）》《新班主任》等报刊及《魅力微班会》一书中发表了9篇文章，还被《魅力班会课课堂实录精选3》收录了2篇课堂实录。

承蒙学校和丁老师的厚爱，我承担了班主任工作室的许多任务。2017 年 3 月 9 日，在联盟体学校活动中开设的微班会，是我第一次正式尝试和展示。在准备的过程中，我和同组的吴丰洪老师多次探讨和修改，与丁老师多次交流，多次磨课，终于呈现了比较满意的 3 节微班会。2017 年 4 月 9 日，我在第九届全国中小学班会课专题研讨现场会的舞台上，与 500 多位老师分享自己的微班会故事《走进春天》，获得了各地班主任代表的好评。2017 年 5 月 10 日，在学校大型展示活动中，我借班上课，成功地展示了班主任工作室的集体研究成果《收获习惯》《我们也爱古诗词》《十秒拍手》《爱在指间》，获得了领导、家长们的好评。还在论坛上交流班主任工作室的成长，虽然写稿过程比较辛苦，反复修改，到最终定稿花了近一个星期的时间，但得到了锻炼。

最艰难的工作是要在第十一届全国中小学（中职校）班会课专题研讨现场会上展示一节理想教育微班会和代表班主任工作室作汇报。年初的意外怀孕带来的身体不适，让我几近想要推脱上课和汇报。但一想到如若放弃，之前所付出的努力都将付之东流。靠着这样的信念，在寒假中，我完成了《追梦路上》教案的第一稿。之后，当大家得知我的情况，纷纷为我出谋划策，为我"减负""松绑"。学员中的两位男老师主动帮我分担工作室中搬书、搬资料等体力活，让我获得更多的休息时间。在丁老师的支持鼓励下，在同伴们的帮助下，我终于在研讨会上顺利地向来自全国各地的班主任代表展示了微班会《追梦路上》并作了班主任工作室的成果汇报《在研究中成长》。

过程虽然很辛苦，但成果得到认可时，心情是无比喜悦的。

"路漫漫其修远兮，吾将上下而求索"，回想工作室近两年的研修活动，感悟很多。在《魅力微班会》面世后，听说这本书很受欢迎。不到半年的时间，就两次印刷。现在我们又开始了《创新微班会》的编写。丁老师告诉我们，古华中学班主任工作室的研究成果会收入得多一点，我特别高兴。因为我们团队做了许多的研究，我们愿意将研究成果与大家分享，并期盼大家的指导。

学校班主任工作室根据计划，已完成第一轮的研修，校领导已决定要开始班主任工作室的第二轮研修，由优秀课例研究向校本课程研究发展。我因为待产，不能像过去那样投入。但我会尽自己的微薄之力，帮团队做一些事，我更要祝福伙伴们，祝福全国各地研究班会课的朋友们：团队研究，你我相伴，让我们携手再谱新的篇章，再创新的辉煌！

2018 年 6 月 28 日

推进微班会的深入研究

丁如许

《魅力微班会》2017 年 8 月由华东师范大学出版社出版后，已多次印刷，受到了老师们的热烈欢迎。《新班主任》《德育报》《福建教育（德育）》《中国教师报》《教师报》《思想理论教育》等报刊也发表了我和我的团队研究微班会的成果。《德育报》还每月开有专版"微班会课探讨"，并邀请我主持其中的"丁如许工作室成果展·微班会研究"（2017 年）和"全国名班主任工作室微班会研究成果展"（2018 年）专栏。我和我的团队也应邀在全国各地借班上课，特别是 2017 年 4 月在第九届全国中小学班会课专题研讨现场会上，我用 40 分钟上了 4 节微班会，2018 年 4 月在第十一届全国中小学（中职校）班会课专题研讨现场会上，我和上海市古华中学班主任工作室的 3 位老师在 40 分钟的时间内接力上了 4 节微班会，汇报了新的研究成果。

放眼全国，更多的学校、更多的老师积极行动起来，好的课例不断涌现，好的经验不断分享。那么，近年来我们对微班会又有哪些新的研究成果和共识呢？

一、微而有谓：进一步厘清微班会的特点

微班会，是微型主题班会的简称。实践中，我们认为微班会应具有以下特点：

1. 短：用时短暂，力求高效

时间长度为 10 分钟左右。10 分钟左右的时间，符合现代生活的快节奏，符合许多学生 10 分钟内注意力高度集中的心理特点，要求教师精心设计，让时间的有效利用最优化。

不短不叫微班会，是我们的重要认识。

有老师问：20 多分钟的主题班会课能不能称之为微班会？我认为不能。20 多分钟的主题班会课只能称为主题班会课的缩短版。时间短，是微班会"微"的重要体现形式。

有老师问：10 分钟左右的微班会时间不够，怎么办？我的回答是，因为时间短，要求我们精心设计，巧妙安排。《魅力微班会》一书中还有个别课例时间稍长，但本书课例均按"10 分钟左右，最多不超过 12 分钟"遴选。2018 年 4 月，我们在全国第十一届中小学（中职校）班会课专题研讨现场会上的 4 节系列微班会课，也让来自全国的班主任老师感同身受地领悟什么是微班会，微班会能不能"短"起来、能不能"精"起来等热门话题。

有老师问：微班会太短了，是否能达到预期的效果？我认为，班会课能否取得效果，关键不在时长，而在能否走进学生内心，拨动学生心弦。因此事先的精心设计、临时的巧妙应变、课后的真诚交流和积极改进很重要。多实践、多改进后，一定会越做越好。

2. 快：应变及时，快速行动

微班会的选题，首先是根据班情的观察。班级存在哪些问题，师生注意观察，发现问题，及时解决。选题的确定还可根据学校工作的布置。有时班主任已确定好班会课的话题，但学校有新的专题的工作布置，这时班主任可以以微班会的形式加以实施，迅速落实学校的工作要求。2018 年 4 月 8 日，接《德育报》编辑部临时通知，4 月班会课专版主题调整为"践行习近平总书记英雄情怀"。这样原先已准备好的稿件需调整，我的团队立刻行动，设计教案，上课实施，修改成文，三天时间迅速地完成任务，受到编辑部的好评，也充分体现微班会"因时而动""应变及时""快速行动"的特点。本书中的《心中的英雄》《英雄，从未远去》就是当时的课例。

3. 小：切入小巧，聚焦明确

由于时间的限制，微班会常常选择小话题，一事一议，如教室卫生、课堂纪律、课间安全、同学相处、与家长的关系等话题。与班主任的日常随机教育比，微班会有明确的主题，形式比较巧妙，交流比较深入，效果也显得扎实。

在研究中，我们认识到微班会也可以选择大的话题。但要将大话题分解为小话题，一点深入，系列推进。比如理想教育话题，我们可开展"放飞梦想""追梦路上""坚持梦想""祝福梦圆"等若干个 10 分钟的微班会。在第十一届全国中小学（中职校）班会课专题研讨现场会上，我和古华中学班主任工作室的三位老师就是大题小切入，以系列教育的形式展示新的研究成果。这样既便于操作，又滴灌浸润，有序推进。

4. 灵：方法灵活，课时灵动

由于时间、话题等的限制，微班会要取得良好的效果，在班会课的形式上要多动脑筋。观看视频、讲述故事、开展活动、分享照片、运用比喻、进行对话，是常用的有效方法。灵活的方法有助于课的实施。

同时因为只有 10 分钟的时间，微班会可以在班会课（这是主课堂）上实施，也可以在晨会、午会、自修课等时段实施，具有机动性强的特点。

我不主张在文化课的时间上微班会，因为没有必要"抢占时间"，但可以结合教学开展德育，不过我们不把这样的做法称为微班会。

二、微而有味：进一步研究微班会的实施

认真研究微班会，会发现微班会内涵丰富，在具体实施时有许多值得研究的内容。

1. 微班会的选题

微班会的选题表现为两大关注：

（1）关注身边的问题。

及时发现身边存在的问题，及时处理，及时解决，是微班会选题的显著特点。发现问题，快速处理，把问题解决于萌芽状态，有利于日常管理，有利于良好班风的形成，有利于班集体的建设。我将这样的做法称为"灵机一动"。本书中《不能随便拿别人的东西》《我们一起喊一喊》《让桌椅也有"秩序"》《一张被撕碎的朗诵稿》《身边的"绰号"》《意外中发现珍奇》等都属于这一类。

（2）关注成长的需要。

除了发现问题的及时选题外，班主任还要根据党和国家的教育方针，根据社会发展的需要，根据学生成长的需要，根据成功的经验精心选题。这样的微班会着眼于学生成长的需要，更助于落实"立德树人"的责任担当。我将这样的做法称为"胸有成竹"。

为了做好这方面的工作，我一直建议班主任在自己的电脑中要建一个文件夹，命名为"政策夹"，有意收集党和国家、教育部、地方教育部门的重要文件，加强学习，心领神会，认真构思，巧妙落实。

需要说明的是，我们不需要对文件倒背如流，但应在需要时查一查，学一学，想一想自己做得怎么样。因为教育部颁发的《中小学德育工作指南》《中小学文明礼仪教育指导纲要》《中小学心理健康教育指导纲要》《中小学公共安全教育指导纲要》等重要文件指导性、操作性都很强，对我们做好工作有着重要的引领作用。本书中《放飞梦想》《信守约定》《冬日的温暖》《铭记历史，勿忘国耻》《美丽中国，我也是行动者》等属于这一类。

关注身边的问题，可比作"对症下药"，关注发展的需要，可比作"强身健体"。两者相辅相成，相得益彰。

2. 微班会的常用方法

实践中，我们总结、概括出上好微班会的六个常用方法：

（1）观看视频，交流感受。

如今网上的视频资源相当丰富。视频集图像、文字、声音于一体，丰富的画面、精炼的文字、生动的声音，多种刺激使学生的大脑处于兴奋状态，具有信息量大、印象深刻、用时短暂的特点。

班主任要善于从网上下载视频，下载时要选择清晰度高的视频材料，有时要作必要的剪辑，使时间更紧凑，话题更突出。上课使用视频时，应巧用暂停，提出问题，设置悬念，引发关注。同时应根据视频作必要的补充、拓展，使上课的内容更加丰富。本书中《坚强哥的故事》《父亲、儿子和麻雀》《30天的力量》就是优秀的课例。

自拍视频，也是可行的方法。经验告诉我们，自拍视频时，应注意多拍特写镜头、近镜头，以增强效果。

（2）讲述故事，领悟道理。

故事是岁月的沉淀，是智慧的结晶。班主任应成为故事大王，利用故事开展教育。

讲故事，要善于讲哲理故事，许多寓言故事、民间传说、童话故事，生动有趣，蕴含哲理，引人深思。时代在发展，故事在变化，可以给大家以启发。本书中《最美的礼物》《让他三尺又何妨》等可以借鉴。

讲故事，还要善于讲人生故事。名人的故事、同学的故事、老师的故事，都应该娓娓道来。我还特别主张班主任要讲好自己的成长故事。一是学生非常关注班主任的"私密"故事，可以增强影响力；二是也有助于班主任有意加强自身的修炼。本书中《破茧能成蝶》《放飞梦想》《坚持梦想》等就是成功的范例。

在这里分享讲好故事的"五个要"：声音要响亮，吐字要清楚，叙事要生动，神情要自若，语气要丰富。这"五个要"，班主任要历练自身，同时指导学生。

讲故事时还可以配图、配乐，分角色讲、接龙讲，故事新编、故事续写，方法多样，趣味无穷。

（3）开展活动，分享体验。

活动是学生最喜闻乐见的。精心设计的活动，学生积极参与其中，必然有直接的体验，有深刻的感悟。本书中的《孩子们，有你们我不怕》，作者以"信任背摔"赢得了孩子们的信任、拥戴。但这一活动具有一定的危险性，需切实做好安全工作。因此，我们更主张微班会开展的活动应简便易行，操作性强，使学生行动体验，引发思考。本书中的《左手方，右手圆》《换个角度想一想》《画出我的生命线》《命运在自己手中》《成功需要多翻几个碗》相信会给大家启发。

近年来，全国各地的研修活动较多。研修开阔了老师们的视野。一些好的活动，老师们也乐于学习、借鉴。但借鉴他人经验开展活动时，还要注意班级特点、年龄特点，不要简单地拿来就用。

由于时间和场地关系，微班会的活动设计更关注细节。

（4）分享照片，开展对话。

相比于视频，照片同样直观、形象，但操作更为方便。因此，上好微班会，班主任应善于用好照片。

照片首先来自网络。微时代网上有海量照片，班主任要做个有心人，发现好的照片，及时下载，或根据需要有意搜索。下载或搜索时，要选择画面清晰的照片。有时照片清晰度不高，通常我们会想到用 PS 锐化提升清晰度，但此时如果能找出同主题的高清照片，效果会好很多。

照片还可以自拍。现在手机普及，"随手拍"非常方便。而且随手拍的照片时效性、针对性会更强。本书中的《谁偷走了我们的表扬》就是取材于生活的快拍。

（5）运用比喻，迁移智慧。

生活中，人们喜欢用比喻，变抽象为具体，变繁复为简单。微班会上，因为时间短暂，班主任如果善用比喻，就可以收到启迪智慧、打开思路的效果。本书中的《你需要一块石头》《神奇的机票》可以细细品读。

（6）进行对话，影响全班。

在班主任工作中，对话是师生交流的重要方法。微班会，班主任更要善于对话。针对某一话题，明确地、真诚地表达自己的观点，与学生交流，引导学生成长。

采取对话的方式，有交流，有倾听，有指点，有要求。但过往中，指点多，要求多，我们需加强倾听，加强交流。

对话时班主任或历数往事，评点得失；或逐步演绎，晓以利害；或换位思考，将心比心；或热情寄语，激励前行。本书中《学会倾听》《以生为镜》就做得很好。

有的班主任柔声细语，相信"春风化雨"，有的班主任激情张扬，喜欢"雷霆霹雳"。实践证明，"雷霆霹雳"有时也管用。因为明确的要求、强烈的情感，会收到一定的效果。但更多的实践证明，"春风化雨"要多一点，"雷霆霹雳"要少一点，经常打雷，长此以往，效果并不好。

实践中，以上六种方法可以单独运用，也可以综合运用。特别是师生对话，经常与其他方法结合运用。细读《请把衣衫理理好》《这样的朋友，值得拥有》等，我们可以从中有所感悟。

3. 微班会的结构特点

要上好微班会，认真构架很重要。由于时间所限，微班会的结构必须呈现短小精悍的特点。

微班会比较多地呈现一事一议的单一结构。但有时也会出现比较复杂的递进结构，这时也要力求精简。比如《走进春天》这节微班会，先是简洁的询问导入："同学们，你们看过《中国诗词大会》吗？""喜欢古诗词吗？"随后第一轮"看图说诗"，五张图片调动学生的情绪；第二轮"选择有理"，要求做4道选择题并说明理由；第三轮"急令飞花"，全班分成两大组用飞花令的形式说出有关"春"的诗句（建议：如有十个来回，就可以及时叫停，掌控好时间）；第四轮，观看《中国诗词大会》选手有关"春"的飞花令的对抗，再交流感悟；最后，老师用诗句勉励学生在人生的春天好好学习。这样的结构设计既紧凑，又有弹性，充分体现了短小精悍的特点。

4. 微班会的语言特点

要上好微班会，班主任的语言表达很重要。微班会对班主任的语言表达提出了新的要求：

（1）简洁。微班会时间短暂，班主任应善于简洁明了地与学生交流，说话不拖泥带水，比较多地使用短句。

（2）准确。语言传达思想，微班会要令人信服，就需要班主任用词精炼，表达准确。有时也需要用长句、排比句增强表达的效果。

（3）生动。上微班会时，班主任语言生动形象，一定会带动学生融情入境，收到良好的效果。生动形象的语言，凝聚了老师的智慧，饱含了老师的深情。

简洁、准确、生动是语言的力量，需要我们不断地学习，有意地锻炼，增强语言的实用性，增强语言的魅力，让微班会走进孩子的心灵。本书的每一篇文章都值得我们研究和借鉴。

三、微而有位：进一步明确微班会的地位

1. 微班会是班级工作的轻骑兵

过去，我们设计和实施班会课，偏于求立意深刻，求结构完整。如今，"短、快、小、灵"的微班会，让人们眼前一亮。今天许多学校、许多班主任在设计班会课时，都将班级例会与微班会结合考虑，处理班级事务后举行专题教育的微班会；将普通主题班会与微班会结合考虑，月度主题班会设计中普通主题班会与微班会交替出现。越来越多的班主任喜欢上微班会。

2. 微班会是系列教育的滴灌器

教育是个"慢活"，需要日积月累，需要潜移默化。教育很难毕其功于一役，但一次成功的教育活动可以让学生深受教育，难以忘怀。精心设计、积极实践的微班会能实现我们心中的愿望。而易于操作、形成系列的微班会更能细水长流，浸润滴灌，使教育持续而有效。

3. 微班会是校本课程的基本课

班会课属于地方和学校课程。许多班会课的选题还是学校布置的。学校德育强调计划性和实效性。凝聚着一线班主任智慧的优秀的微班会应该成为校本课程的基本课。伴随着实践的不断深入，越来越多的优质微班会将纳入校本课程，确立微班会应有的地位。

四、微而有为：进一步思考微班会的发展

越来越多的实践使老师们认识到上好微班会是班主任的重要技能，但微班会也是新生事物，需要我们不断学习，共推发展。

1. 研讨优质课

近年来，全国各地班主任加强微班会的研究，涌现了许多优质课。但从许多学校的实践来看，认真研究、深入探讨还不够。实践需要我们各抒己见，形成共识。

2. 打造特色课

研讨更需要实践。班主任要在日常繁忙的工作中不感到疲倦，不感到烦恼，心态很重要，方法很重要。借用苏霍姆林斯基的话"要引导每一位教师走上研究的这条幸福的道路"，那就是班主任要潜心研究，打造属于自己的微班会特色课，形成代表作。所谓特色课，就是学生、老师、领导、家长交口赞誉的课；所谓代表作，就是在一定层次的报刊上发表的文章。特色课、代表作，许多老师过去没有。这应该成为我们的目标。需要说明的是，今天外部条件有了很大的改善，像《新班主任》《德育报》《福建教育》等报刊都为班会课研究提供了较多的版面，班主任积极投入，会有许多收获。

本书中，有一些作者是第一次发表文章，如《心灵的窗户》的作者解瑞、《排队时，要做对》的作者金莉、《让他三尺又何妨》的作者郑会、《我们之间的喜欢》的作者王瑞安、《谁偷走了我们的表扬》的作者蒋德勇，也许还有几位，我没有专门去了解，是从邮件交流中获悉了有关情

况。他们热情地向我表达得知文章录用时的惊喜。我想说的是，其实在一线，我们的生活就是一座富矿，如果去努力挖掘，你会感受到许多的快乐。每一位老师都不要小看自己，你的潜力是巨大的。我还要告诉大家，许多优秀老师就是潜心研究、静心教书，通过研究实践，不断取得新的成果。如《神奇的机票》的作者杨武、《30天的力量》的作者王星，他们在班会课研究领域中成果丰硕，正带领他们的团队，发挥越来越大的作用，形成一定的影响力。本书再次邀请年轻的班主任写序，也是分享年轻老师的内心感悟，见证"努力出成果，未来属于年轻人"的朴实真理。

3. 建设资源库

也有老师跟我说，很想做，但没有资源。对此我主张，我们要做个有心人，有意地收集班会课研究的四大资源：教案、课件、视频、素材。这是一个从无到有、由少到多、不断积累、不断发展的过程。

本书在筹划阶段时，华东师范大学出版社北京分社的李永梅社长就提出希望分享课件的设想。在众多作者的大力支持下，编者收集了相应的课件，并上传到大夏书系官网，希望给读者更多的阅读收获。

《魅力微班会》《创新微班会》相继面世，两本书120篇课例，已是不少的资源，班主任完全可以举一反三，演绎出更多的精彩。这些都是我们为共建共享资源库而作的努力。

越来越多的实践证明，微班会的实施有助于提高班级工作的实效，有助于减轻班主任的负担，有助于班主任在做好工作的同时提升自己，和学生一起成长，共同发展。

但微班会也不是万能的。因为时间所限，有时话题不能展开，有时讨论不够深入，这都需要我们加强研究。其实，微班会与主题班会、班级例会有机结合，相辅相成，才能取得最佳的效果。

同时微班会如何评价，微班会怎样让学生担纲，怎样开展微班会的比赛，许多问题需要我们继续深入地研究。

五、怎样编好《创新微班会》

《魅力微班会》出版后，受到了老师们的欢迎。怎样编好第二本微班会研究专辑，摆在我们面前，我们作了较多的努力。

1. 凝聚全国班主任的智慧和力量

2018 年 3 月 30 日我发出征稿函，这次征稿明确要求征集"时间 10 分钟左右，不超过 12 分钟"的微班会，预告征稿将在 2018 年 6 月 30 日截止。相比上次，这次征稿的时间比较充足。我通过网络、讲课、会议等渠道发布了征稿信息。并在 2018 年 5 月 20 日、6 月 10 日、6 月 30 日及时通报稿件入选情况。令我欣喜的是，稿件纷至沓来。我问山东威海的一位作者是怎么知道征稿消息的，她说她一直关注我的博客，一直在进行微班会的研究，一见征稿消息，便积极投稿。"一直"生动说明投入的程度。

我作了初步的统计，这次共收到来自 21 个省、直辖市、自治区的 600 多篇来稿，最后入选的稿件覆盖了全国 14 个省、直辖市。令我非常感动的是，许多班主任不厌其烦地认真改稿，字斟句酌，还特意到兄弟班借班上课，验证体验，争取做得更好。

2. 依靠班主任工作室的深入研究

如前所述，本书的征稿是通过网络、讲课、会议等多种形式发布的。没有行政命令，无需再三动员，最积极响应的就是各地的班主任工作室。请让我记下那一个个熟悉又亲切的名称：上海新纪元教育集团丁如许工作室、重庆中山外国语学校杨武名班主任工作室、云南昆明石梦媛名班主任工作室、上海新纪元（重庆）学校宋仲春名班主任工作室、四川德阳市王星名师工作室、山东威海谷鲁杨名班主任工作室、四川成都双流区实验小学王冬艳名班主任工作室和上海市奉贤区古华中学班主任工作室，它们为本书作出了重大的贡献。

这些班主任工作室为上好微班会多次开课、研课，进行专题研究，多个工作室还汇编了课例选。其中特别要提到的是上海市奉贤区古华中学班主任工作室。这所学校的校领导有远见、有胸怀，他们采取导师负责制，委托我全权负责，通过建章立制、课题推进、作业驱动、搭建舞台，鼓励班主任工作室深入研究。2018 年 4 月 27 日、28 日，在古华中学成功举办了第十一届全国中小学（中职校）班会课专题研讨现场会。古华中学班主任工作室的上课展示、工作汇报、展板交流、实物展览，"充分展示工作室的硬实力"（古华中学班主任工作室成员姚吴斌语），许多学校老师在网上给予了高度评价，"我们为古华中学班主任工作室打call"，"我们为古华中学班主任工作室疯狂打 call"。这次古华中学班主任工作室入选 10 篇文章，实在是辛勤耕耘的丰收回报。

还要感谢许多学校，他们积极推进微班会课的研究。西安市后宰门小学教育集团特意组建微班会课题组开展研究，这次已有两篇文章入选本书。深入的研究预示着还将有更多的成果可供分享。太原经济技术开发区九一学校组织开展了全校的微班会课征文，一次就给我们送了 30 多篇课例。编书过程中，大连轻工业学校刘晓敏书记、平遥现代工程技术学校张世华副校长、重庆外国语学校冉启兵主任、邢台市第七中学李汝静副校长等都做了许多工作。当然，还有许多我们不知道的，写时遗漏的，在此一并致谢。因为经验告诉我们，学校的大力支持是上好微班会的必要条件。

我还要特别感谢投稿而未被选用的老师，由于撞题、时间偏长、方法不新、格式不对等多种原因，您的文章未入选，但您的积极参与让我心生敬意。假以时日，一定会不断进步。

因此，要回答怎样编好班会课参考用书，怎样上好微班会，答案还在于更多学校、更多班主任的潜心研究、积极实践。

本书的命名，是费了一番心血的。命名为《创新微班会》，一是继续突出"微班会"这一内容特点；二是表明本书在《魅力微班会》的基础上努力创新，确实许多课例老师们动脑筋，想办法，颇具新意；三是与《魅力微班会》保持了格式上的相似，又彰显了个性。

微班会，短而高效，微而有谓；微班会，内涵丰富，微而有味；微班会，操作简便，微而有位；微班会，着眼发展，微而有为。继《魅力微班会》之后，《创新微班会》又以故事汇的形式加入华东师范大学出版社着力打造的"魅力班会课"系列丛书，与《打造魅力班会课》（"方法论"）、《魅力班会课》（小学卷、初中卷、高中卷）（"案例卷"）、《班会课100问》（"对策集"）以及《小学主题教育36课》《初中主题教育36课》《高中主题教育28课》（"教案选"）形成丰硕的班会课研究成果，为全国各地班主任的专业成长提供有力支撑。

　　衷心希望这本书的出版，能有助于班主任分享智慧，寻找规律，上出更多更好的微班会，谱写出更多更精彩的教育篇章！

2018年6月30日

1. 请把衣衫理理好

浙江省瑞安市新纪元小学　潘雪慧

　　上课铃声叮当作响，教室门外有几个衣衫不整的学生闪身而入。这几个"快跑健将"在平时也是穿着随便、不拘小节的。对此，我可看不惯：文明礼仪可是中华民族的传统美德。古时学童开蒙礼的第一课就是正衣冠，学礼仪，拜孔圣，点聪明。可班里几个同学不但不以此为耻，反而沾沾自喜。面对一年级的小朋友，怎样提高他们"正衣冠"的自觉性呢？我仔细想了一下，主意有了。

　　晨会课前，我早早来到教室，看着这几个孩子又闪身而入后，就故作神秘地说道："同学们，今天潘老师给你们讲一个故事吧！"

　　话音刚落，教室里便鸦雀无声，大家都期待地看着我。

　　"这个故事的名字叫《衣衫不整的贝贝》。贝贝总是衣衫不整，衣服乱丢，鞋子乱扔。一天，贝贝要上学去，可是他的衣服鞋子全都找不着了。找了半天，最后，他的鞋子是在垃圾桶旁找到的，他的衣服是在厨房里找到的，他的裤子则是在阳台上找到的。上课了，贝贝匆匆忙忙、慌里慌张地冲进教室，弄得全班同学哄堂大笑。这到底发生什么事了呢？请看——"

　　说着，我出示了一张图片。图片上，贝贝的红领巾戴反了，衣服脏兮兮的，拉链没拉，鞋带也散了。大家看着屏幕上的贝贝都笑了。我也笑着问道："同学们，你们觉得我们班有谁像贝贝吗？"

　　这时，大家你看看我，我看看你，最后把目光聚焦到那几个男生身上。

　　我见那几个男生羞红了脸，就又说道："同学们，在中国古代，衣冠的意义尤其重要。中国自古以来就是'礼仪之邦'，而'礼仪'最直接的外在表现便是衣冠整齐。《弟子规》里有这么一句话：'冠必正，纽必结。'有谁知道这句话讲的是什么意思吗？"

班长宝怡第一个举起了手，回答道："这句话是说帽子应该戴正，衣服纽扣应该扣好。"

"你说得对！古人重视着装礼仪，现代文明社会也同样要求着装整齐。我们也要注重衣着。"说完我把事先准备好的我们班明明同学衣冠整齐的照片也放在大屏幕上，让大家仔细观察这两张照片，"对于他们的穿着，你们更喜欢哪个？为什么？"

这时候我请那几位"健将"上台，并拿出几张课前准备好的上面写满词语的卡片，说道："老师现在给你们一个改正的机会，你们先看看这些卡片上的字，再把这些卡片分别贴在相应的照片下，并说明为什么，好吗？"

这几个男生红着脸接过卡片，磨磨蹭蹭地看了会儿后，准确地把卡片贴到了照片底下的框框中，并纷纷表达了自己的看法。

"贝贝穿着不整齐，让人看了不舒服。明明穿着整齐，有礼貌，让人看了喜欢。"

"贝贝太随意了，红领巾不是这样戴的，要系端正。"

"明明讲礼貌、讲卫生，我喜欢他，把这些卡片给他。"

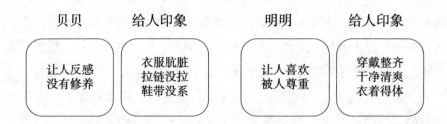

贝贝	给人印象	明明	给人印象
让人反感 没有修养	衣服肮脏 拉链没拉 鞋带没系	让人喜欢 被人尊重	穿戴整齐 干净清爽 衣着得体

我顺手给他们几个整理了下衣领，并用力地抻了抻他们的衣角，微笑道："很好，勇于面对错误也是好学生的标志。正如你们说的，衣冠整齐不仅能展示一个人良好的精神面貌，而且能体现出这个人的修养。好，

你们回到座位上吧。"

我指着黑板上的卡片，对全班同学说："同学们看，你们把不好的词都给了贝贝；把好的词都给了明明。看来要想做个让人喜欢、被人尊重的人，我们就不能像贝贝那样穿着，而是向明明学习。"

我又巡视全班，并故作叹息地说："可惜在我们班，老师还是发现好些同学红领巾佩戴不正、衣着不整，有些同学纽扣都没扣好，我们应该怎样改进？"

话音刚落，同学们就开始整理起自己的衣服来。这时，我说："不急，来，大家先看老师是怎样整理的。"

我边作示范边说道："由上及下，首先整理衣领，再系好红领巾，接着检查纽扣，抻直衣角，最后检查裤脚和鞋带。来，同学们照着潘老师刚刚的示范做一次，由上及下，首先整理衣领……都好了吗？整理好之后，同桌之间互相检查、互相帮助一下。"

经过一番整理，同学们的衣着整齐了，人也变得精神了。

"同学们，正衣冠是让我们知书明理的第一步。习近平总书记教导我们'人生的扣子从一开始就要扣好'。老师希望你们在今后要注重自己的着装，相信你们能从细节做起，让自己变得更加精神！老师还特意写了一首儿歌，我们一起诵读吧。"

我起了个头，同学们大声诵读：

> 小学生，要做到：进校时，正衣冠。
> 整衣领，抻衣角，查领巾，看纽扣，
> 观鞋面，紧鞋带，常整理，长精神。
> 扣好人生第一扣，仪容仪表展风采。

响亮的儿歌声回荡在教室里。

2. 心灵的窗户

陕西省西安市浐灞第二小学 解 瑞

　　我们出生时都有一双明亮的眼睛，但如果我们没有好好爱护它，它可能什么都看不清楚了，直到有一天它戴上了眼镜，会给你带来许多麻烦。

　　一年级刚开学时，班里只有一个孩子戴眼镜。但到了第二学期，陆续有学生和我提起他们上课时看不清楚黑板上的字。虽然让他们坚持一天做两次眼保健操，也不断地提醒他们注意写字姿势，可是视力下降的人数仍在不断增多。

　　课余时分，我和岳老师精心排演了一场情景剧，班会课上表演给孩子们看。剧情是这样的：视力下降很严重的岳老师今天忘记戴眼镜了，她走错了班级，还撞翻了椅子，甚至将一名女同学错看成男同学。同学们哈哈大笑，视力不好在生活中竟然会犯这么多可笑的、可怕的错误。细心的小朋友还发现了岳老师小小的眼睛眯成一条缝，失去了眼睛本该有的美。

　　随后，我向孩子们展示了一些漂亮眼睛的图片，他们纷纷感叹这些眼睛如此清澈美丽。

　　"同学们，你们想不想拥有这么一双美丽的眼睛？"

　　"想！"他们异口同声地回答道，明亮的眼睛里闪烁着光芒。

　　"可是漂亮的眼睛戴上了眼镜，会发生什么呢？"

　　李思默撇撇嘴："好不方便啊！"

　　"是的。"我说，"但是如果我们的视力下降了，就必须得戴上眼镜，这样才能看清这个世界。当视力下降时，世界在我们眼里是什么样子的呢？"

陈安生说："模糊的。"

我笑着说："同学们，让我们来猜猜这是什么地方。"我展示了两张非常模糊的图片。

孩子们都摇晃着小脑袋，说看不清。

"老师要揭晓真相了！"当我将清晰的图片公布在大屏幕上时，我看到他们的眼神里充满了惊讶。

"啊，怎么是钟楼？"

"竟然是学校！"

我郑重其事地告诉孩子们："同学们，如果我们的视力下降，看任何事物都会是这样，连我们最熟悉的学校和钟楼都不认识，是不是很可怕？"他们都使劲地点了点头。

为了让同学们感受到戴眼镜是一件很不方便的事情，我拿出一副眼镜，让同学们试着戴一下。郭子轩和强涵哲戴着眼镜在教室过道里走了走，都说自己晕晕的，很不舒服。

我说："是啊，感觉很不舒服，那戴上眼镜，我们生活当中还会遇到哪些麻烦呢？"

我请了班里戴眼镜的胡辰浩来给大家说说。

胡辰浩说："冬天从屋外进入屋内，眼镜会模糊，睡觉得摘掉眼镜，特别不方便。"

接下来，我给孩子们播放了一个小视频，内容是采访校园里戴眼镜的小朋友，请他们讲一讲自己戴着眼镜遇到了哪些麻烦。小朋友们看完之后，恍然大悟，原来戴眼镜很不方便，做游戏时还会遇到危险等。

"同学们，戴眼镜有这么多的麻烦，你们想不想戴眼镜？"

"不想！"

"将来你们长大了，还会发现部队、民航、精密机械等许多行业对视力都有高要求。从现在开始，我们就应该学会好好保护自己的眼睛。接下来，请同学们来讨论如何保护眼睛，等下我们来交流。"

"要注意写字姿势。""玩电子产品要注意时间。""看电视距离不能太近。""勤做眼保健操。""多吃胡萝卜。"……同学们讨论得很积极，小组汇报也很精彩，从用眼习惯、用眼卫生、眼部营养三个方面归纳了很多保护眼睛的好方法。

小朋友们说了很多，但不知道是不是真的理解了，我拿出四张图片来，请他们找找其中的问题。

邬卓彤说："第一幅图片中的小朋友写字姿势不正确，趴在桌子上。"

党若丹说："第二幅图片中的小朋友看电视，距离太近。"

吕筱攸说："第三幅图片中的小朋友用脏手揉眼睛，不正确。"

范昊天说："第四幅图片中的小朋友挑食，不吃胡萝卜，不正确，胡萝卜对眼睛好。"

用眼习惯还是要落实到学生日常学习和生活的方方面面。我告诉孩子们要注意平时的写字、读书姿势，少玩电子产品，要认真做好眼保健操，注意用眼卫生，多吃胡萝卜等含有维生素 A 的食物。我还将同学们总结的方法编成一首儿歌：

> 小眼睛，亮晶晶。样样东西看得清。多吃蔬菜不挑食，不用脏手揉眼睛。写字姿势要端正，一拳一尺要牢记。暗的地方要开灯，躺在床上别看书。要让眼睛休息好，用眼时间要控制。保护眼睛很重要，眼保健操不偷懒。

同学们带上动作大声地朗读儿歌，声音清脆而响亮。

"眼睛是心灵的窗户，老师希望你们的眼睛明亮，希望你们能看到清澈的湖水、蓝蓝的天空。希望你们说到做到。课后，你们也将是班级小小监督员了，提醒自己，监督他人，一起做保护眼睛的小卫士吧。"我充满激情地说道。孩子们使劲点头，眸子里闪闪发光。

3. 争当书本的好主人

云南省石林县长湖镇维则青联希望小学　王　丽

三月，微风拂面，暖阳照人，学校敞开大门，迎接那一张张熟悉的笑脸。

开学第一天，学校就张罗着给学生发新书，拿到新书，小朋友个个脸上洋溢着幸福的微笑。我还像往年一样，指导学生洗干净手，认认真真地在书上写上自己的班级、姓名。然后同学们就自由地读起书来……

吃饭时间，来到食堂。呀，每张桌子都穿上了"新衣服"，原来，厨房的师傅们提前就用图钉订上了桌布，整个花色跟春天很配啊，以前黑黑的桌面不复存在。看着同事们吃饭都小心翼翼，生怕弄脏了新的"花衣服"，吃完饭还不忘擦干净桌子。我受了启发，美好的东西人人都爱，何不趁机教教学生。

学生开学拿到的新书都整整齐齐，干干净净，没有皱痕，没有烂页，但是到期末，有些同学的就脏了、坏了，有几位同学的，还没到期末，封面就找不到了。我拍了几张上学期他们用过的书籍的照片，又去其他班级拍了一些照片。拍照片的过程中才发现，不爱护书籍的同学实在太多了。这些书如果是有生命的，被学生用了一个学期后，可以说就走到了生命的尽头。

上课铃声响了，我拿着一本已经没有封面的书走进教室，学生你看看我，我看看你，小声嘀咕着："这是谁的啊？""不是我的。""不是我的。"

"这是小主人的，"我大声告诉同学们，"今天啊，这本书有话要对大家说，大家想听吗？"

"书还会说话啊？"同学们都很好奇。接下来，我播放了精心准备的录音：

我是一本书，我的肚子里装着丰富的知识，我最大的愿望就是把我的知识分享出去，带给全世界的小朋友。

从印刷厂出来，我崭新、健康，迫不及待地去拥抱我的小主人。可是每到学期末，我就变得惨不忍睹，千疮百孔，奄奄一息。因为我的小主人一点也不爱惜我。不信，你就听我慢慢地说吧！

上课时，小主人没有把我拉平，胳膊把我的脸都挤扁了，我的脸上多了很多皱痕。书写时，铅笔灰弄得我的脸脏兮兮的。翻书时，为了比快，使劲翻页，我都累得喘不过气来，险些丧命。下课了，小主人忙着出去玩，把我往抽屉里一丢，黑乎乎的抽屉，东倒西歪的书籍，把我撞得头晕眼花。有一次，小主人居然把我的封面撕下来去折纸飞机。下雨天，他把我当伞遮雨，我的全身被雨淋得湿透了，还差点"感冒"了呢！等我干了，全身都皱巴巴的。放学后，他来到公交车站等车，生怕他的裤子被弄脏了，我又成了他的坐垫，被他坐在屁股底下。他干净了，我呢？全身上下斑斑点点。课间，我又变成他练武的"刀"，变成挡箭的"盾"。小主人挥舞着我，挡住飞来的"兵器"，并在我的"掩护"下，向小伙伴们发起了进攻。结果，我为"战斗"付出了惨重的代价，被打得伤痕累累，面目全非。

这时的我是多么难过、多么伤心啊！

同学们安安静静地听完了录音，我问道："听完书的哭诉后，你想对它说什么？"

"书太可怜了。"昂秋艳第一个站起来说。

"这个小主人太坏了，一点也不爱护书。"李高蕊说。

"书肯定很疼。"李晨阳说。

同学们七嘴八舌地讨论开了。我看到马纪昇低下了头，张思伟把手缩进了抽屉。

我对同学们说："你们手里现在有很多本书，你们就是书的小主人，要怎样做才能当好书本的小主人呢？"这时，一双双小手举了起来。

"写字的时候书要放平，好好按着。"

"湿的手不能拿书，要擦干才可以拿。"

"不能撕书，不能拿书页去折纸飞机。"

"书不能丢来丢去。"

"要给书套上书壳。"

"铅笔灰不可以弄在书上。"

小朋友们你一句，我一句，说出了很多的方法。

我说："保护书的方法有很多种，今天老师就教大家从最基本的包书皮开始。"说完，我用自己准备好的包书纸，教同学们包书皮。有的同学学得很快，跟一遍就学会了；有的同学还没有学会，我请他们在课后再继续学习。现在市面上有很多现成的书皮，但是我想通过自己包书皮这样的小活动，让学生在体验中学习保护书籍。

最后，我鼓励同学们说："同学们，今天大家手中的书都是一样的，咱们来比一比，看看到期末，谁能成为书本的好主人，好不好？"

"好！"教室里一阵响亮的回答。

4. 不能随便拿别人的东西

北京师范大学南湖附属学校　沈静艳

　　二年级开学一段时间后，有好几个学生和我说，他们的铅笔、橡皮不见了，或某某没有经过他的同意就拿走了他的东西。家长也和我反映过这个情况，经过调查，我发现确实存在这样的现象。

　　在现实生活中，不少孩子有过随便拿、随便翻别人东西的行为。出现这种现象大致是由这一年龄阶段的特点决定的，或是对别人的物品比较喜欢，比较好奇。他们往往从自身的需要出发想问题，只顾自己，不顾他人，很难想到自己随便拿了别人的东西，会给别人带来哪些后果。

　　怎样有效地对学生进行教育呢？思来想去，我有了主意。

　　班会课上，我问同学们："小朋友，今天的班会课，老师要给你们讲个故事，想听吗？"

　　"想听，想听！"学生都欢呼起来。我打开课件，开始了故事的讲述：

　　　　小松鼠淘淘活泼聪明，很会摘松果。秋天到了，淘淘想去摘一些松果藏在树洞里过冬。

　　　　一大早，淘淘就出发了。哇，松果那么多，那么香，又那么可爱，太喜欢了，淘淘摘了一个又一个。哎呀，自己的口袋太小了，怎么办呢？他忽然想起，小白兔花花住在不远处，可以去找花花，看看她家有什么东西可以装的。淘淘来到花花家，敲了敲门，里面没有回应。淘淘发现门口有一个篮子，刚好可以让自己装松果，于是就把它拿走了。

故事讲到这里，我说："小朋友们，小松鼠淘淘只想着自己的需要，随便拿走了别人的东西。他这样做的后果是什么呢？请大家再往下听——"

淘淘走后不久，在外面玩的花花回来了。兔妈妈让花花采些蘑菇给生病的外婆送去，花花正要去时，哎呀，发现篮子不见了，怎么办啊？没有篮子可不行呀！如果妈妈回来发现花花没有去采蘑菇，一定会责怪她的，而且外婆一定也会等着急的。可是，篮子哪里去了呢？花花越想越着急，于是就大声喊："谁拿了我的篮子？"

这时，我问道："小朋友们，淘淘拿走了花花的篮子以后，发生了什么事情呢？花花为什么越来越着急？"

小周说："篮子被拿走了，花花就不能去采蘑菇了。"

小唐连忙说："没有采到蘑菇，兔妈妈会说小白兔的，也不能给外婆送蘑菇了。"

我又接着问："淘淘该不该随便拿走这个篮子？为什么？"

小夏迫不及待地说："随便拿走别人的东西，会使这个东西的主人要用时因为找不到而着急，造成麻烦，耽误事情。别人的东西是不能随便拿的。"

听了小夏的回答，我连连点头说："淘淘知道错了，后来他又是怎么做的呢？我们继续听故事——"

淘淘听见了喊声，连忙拎着篮子赶过来。一看，花花在伤心地哭，立即把篮子还给花花，并陪着花花一起去采蘑菇。经过两人一起努力，终于采到了一篮蘑菇。淘淘看着花花的脸上终于露出了笑容，不好意思地说："对不起，花花，我不该随便拿你的篮子，害得你差点不能去采蘑菇。"花花说:"好了,好了,我已经原谅你了。下次可不能再随便乱拿别人东西了。"

故事讲完了,我再问同学们:"淘淘听到花花的喊声后,是怎么做的呢?"

小青说:"淘淘听到花花的喊声后立马拎着篮子回去,帮花花一起去采蘑菇,还向花花道歉了。"

我继续追问:"为什么淘淘要道歉?"

同学们争先恐后地说:"随便拿别人的东西是不对的。""知道错后,应该立即道歉,争取得到别人的原谅。"

小珍说:"如果确实需要别人的东西,必须得到主人的允许,而且用完后还要及时还给人家,以免人家着急,给人家带来麻烦。"

我翘起大拇指为她点赞,并就势发问:"那么在我们班里有没有这样随便拿别人的东西的现象呢?"

孩子们七嘴八舌地说起来。

有孩子低下头说:"一天我看见同桌的笔很漂亮,趁她不注意时我就拿来用了,以后我不会这样了,我要先问问她,她同意了,我再用。"

有孩子红着脸说:"我有时也没和同学打招呼,就拿走了他的课外书,他一定很着急,对不起。"

还有孩子害羞地说:"昨天看见成成带来了好几张漂亮的书签,我实在很喜欢,就悄悄拿走了。我等下会还给他,希望他原谅我。"

此刻教室里响起了掌声,我已无须再说什么了。

5. 最美的礼物

湖北省宜昌市伍家岗区宝塔河小学　金小正

新课改要求教师创设开放而有活力的课堂，让学生通过小组合作的形式自主、探究地学习。虽然老教师建议我，二年级的孩子活泼好动，不适合这种学习方式，但我还是努力营造环境，尝试小组合作学习。

几次试验后，我发现问题突出。每次要求学生小组合作学习时，教室里的讨论声特别大，有几次甚至惊动了值周老师来我班查看。为此我很头疼。

有一天，我给4岁的宝贝讲故事时，《最美的礼物》这个故事引起了我的思考。

这天班会课，我故作神秘地说："同学们，今天我带来了一段很特别的音乐，想不想听？"

"想！"同学们兴奋地喊着。

我示意他们安静下来后，播放了精心"准备"的一段"音乐"。与其说是音乐，不如说是噪音，这个音频采集的是早上菜市场的嘈杂声，混杂着叫卖声、还价声、喇叭声，等等。"音乐"一播放，孩子们先是一愣，接着皱眉头，只听了一半，就忙捂着耳朵大喊："老师，太难听了，快关了吧！"

我故作疑惑地问："真的很难听吗？"

同学们苦着脸说："真的很难听！"

"真的呀，我还不知道呢。因为我天天听这样的声音，都习惯了。"

我笑着看着同学们。才二年级的他们微微觉察出我在影射他们，有点不好意思。我接着说："除了我经常听这样的声音，还有很多人喜欢听这种尖锐、刺耳的吵闹声呢。想不想知道是谁啊？"

他们点点头，期待地看着我。我开始讲这个故事。

从前，有个叫'砰砰城'的国家，那里是世界上最吵闹的地方。所有的居民总在大叫大嚷，警察吹着异常刺耳的哨子，连城里的鸭子也有世界上最大的嗓门。砰砰城里最吵闹的是喧闹王子，虽然他还不满八岁，但制造噪声的本领全国第一。他经常玩的游戏是把许多铁皮桶堆得很高很高，然后猛地把它们推倒，发出震天的响声。他和别人说话时都是扯着嗓子拼命地喊，生怕别人听不到。

念到这里时，我停下来看着同学们，笑着说："有没有觉得这个喧闹王子很熟悉啊？"

同学们呵呵地笑了。个别平时嗓门特别大的同学竟然不好意思地挠挠耳朵。

喧闹王子的生日快到了，国王问他想得到什么生日礼物。喧闹王子说他想听世界上最响的声音。

国王说："好，我将命令全国的鼓手在那天用最大的力气敲鼓，敲一整天。或者叫小孩们在家里使劲关门，不停地关，怎么样？还可以把全国的小孩都喊过来，让他们在城堡外面大声地喊。"

喧闹王子说：'我已经听过了，那些都不是世界上最响的声音。不过，要是全城的人在同一时刻发出同样的叫喊，那一定是世界上最响的声音。"

读这一部分对话时，我故意加重语气。读完后我问同学们："王子的愿望是希望能听到世界上最大的声音，他觉得这是最美的礼物。他所期待的声音比我们刚刚听到的声音还要吵闹好几百倍呢。你觉得他的愿望能实现吗？"

他们学乖了，怕我挖陷阱，都不说话，但圆溜溜的眼睛亮闪闪地看着我。我继续讲故事。

国王要求全城的人在王子生日时的特定时间齐声高喊，制造世界上最响的声音，但人们都不想听世界上最响的声音，于是张大嘴巴做出喊叫嘴型的方法很快在城里传开了。等到王子生日那天的特定时间，砰砰城里没有世界上最大的响声，反而安静极了。大家听到小鸟在林间歌唱，春风在田野吹拂，小溪在河谷奔流。

读到这里时，我在一体机上播放班得瑞的轻音乐 *Snow Dream*，里面传出流水的声音，悠扬舒缓的钢琴曲让人陶醉。

我问同学们："如果你是这个王子，没有收到心中最美的礼物，你会不会生气？"

小叶说："我不会生气，我会很高兴能听到这么美的声音。"

我又问平时喜欢大喊大叫的小坤。小坤笑呵呵地说："我也不会生气。"

"王子明明想要的不是这样的声音，为什么你觉得他听了不会生气呢？"

小烨说："以前他不知道世上有这么好听的声音，等他知道了，他会觉得这才是最美的礼物。"

"大家想一想，我们课堂上的小组合作学习，你觉得最美的礼物是什么？是安静的课堂还是吵闹的讨论？"

"安静的课堂。"同学们异口同声地说。

"但是我们却总在小组合作学习时犯规。大家讨论的时候，说着说着，教室里就特别吵，就像这个砰砰城一样。"我装作很苦恼的样子，"好几次你们的大声讨论把值周老师都引来了，他们还以为老师不在教室里呢，老师的压力好大呀，怎么办呢？"

同学们又不好意思地笑了。

小溪说："讨论时，我们组内的四个人贴得近一点，这样声音小一点也可以听到。"

小俊说："如果哪个组讨论的声音太大，就让他们最后一个上台发言。"

"不，老师，哪个小组讨论的声音太大，就不许他们讨论了。"

……

同学们纷纷点头。

我笑着说："你们说得都很好，尤其是小溪的建议，我非常赞同。你们小声地讨论，组内同学能听到，其他同学也能安静地讨论，就像王子最后收到的最美的礼物一样。但你们若是大声争论，那我们的教室就成了新的砰砰城了。你们要砰砰城还是要最美的礼物？"

"最美的礼物！嘘——-"

6. 热情问候声

重庆市中山外国语学校　王　茜

星期二的早上，我在学校楼下，准备往上走，班里的黄迪在二楼瞧见了我，他隔着栏杆挥手，大声喊道："王老师早上好！"这一声清脆的童音如春风般顿时温暖了我的心，让我心情愉快。

一个简短的问候能让我开心，如果全班45个孩子都能在遇到老师时热情地问候一声，都能够在遇到长辈时热情地问候一声，效果会怎样？

我想起假期时，家长们在微信群里议论，有的说："孩子出门遇到亲戚时，要硬让孩子打招呼！"有的说："遇到长辈，硬让孩子打招呼，孩子都不干！"

我想，必须得行动了。

星期三的10分钟行规课又到了。我踏进教室，先向门边的何雅轩说了声："早上好呀！"她一愣，呆呆地回道："早上好。"我转身又向正在玩玩具的刘志辉说道："刘志辉，早上好！"他立马收好玩具，不好意思地笑道："王老师好。"我向正在整理书桌的陈禹婷问好，她也甜甜地回了我。最后我向全班同学问好，孩子们的应答声此起彼伏地响起。

我问何雅轩："刚刚王老师向你问好时，你的心情如何？"她笑道："很开心。"

"刘志辉呢？""我也觉得很开心。"

"昨天早上我还没走进教室，就听到了黄迪向我打招呼的声音。"我带领孩子回忆感动我的那一瞬间，"天气虽然阴沉，可这声问候却像阳光一样温暖了我全身。因为我高兴了，所以我也想让你们体会这份高兴。"

爱思考的刘洪冰举手了："应该是我们先向老师问好。"

我点点头："如果你们能这样做，老师们不知道有多幸福。"大家都笑了。

我趁热打铁："从今天开始，咱们班每位同学要学个新本领——每次遇到老师时，要向老师问声好。能做到的请举手。"

45只小手齐刷刷地举起来了。孩子们用自信的眼神告诉我："这太简单了。"

我满意地点点头："能坚持这一周都向老师问好的，请继续举手。"

没有一只手放下。是啊，比起语数作业，这项任务对于孩子来说实在简单，但贵在坚持。

我笑着问道："那你们以后遇到亲戚长辈的时候，应不应该问一声好呢？"

夏小涵马上抢着回答："应该的！"

"那其他同学呢？你们能做到吗？能够做到的请举手。"我问道。

45只小手再次齐刷刷地举起来了。

"同学们，你们真棒！但许多事说起来容易，做起来却不容易。问候老师，问候家长，有同学可能会有点腼腆，但这是有礼貌的表现啊！有同学可能时间长了不能坚持，希望大家互相提醒，养成习惯。"最后我总结道："同学们，问候是夏日的凉风，是冬日的阳光。我们是二年级的小朋友了，应该学习问候这种生活礼仪。以后，我希望同学们见到老师要问候，见到亲戚长辈要问候，同学之间也要互相问候。让热情的问候温暖我们的每一天，让热情的问候伴着我们成长。"

"同学们，大家好！"我微笑着向全体同学问候。

"老师好！"同学们也给了我一个个热情的问候。

7. 我们一起喊一喊

四川省成都市双流区实验小学　王冬艳

下午就是全校性的接力赛了，孩子们在速度上没什么问题，那是绝对的领先，可就是交接棒时总会出些问题。

在一次次练习中，尽管老师反复强调交接棒的重要性，也让孩子们不断地练习这些关键性的动作，可还是有不少孩子不断出现状况。他们要么一起跑就往对手那边看，想和别人一较高低；要么仰头狂跑，有的还闭眼飞奔，等到交接棒时才发现跑歪了，赶紧转弯，多花了时间。最重要的是无论你怎么说，孩子们总是记不住，刚刚告诫了这个，那个又犯了。真是让人伤脑筋！

我得想想法子让孩子们长长记性才行！于是，我利用朝会课，和孩子们聊了起来。

"你们觉得我们的接力赛还有什么问题吗？"

"我们总是掉棒，影响我们的整体速度。"

"小海跑步的时候总是昂着头跑，要到头了才反应过来，经常跑到杆子的另一边去了。"

"小力起跑就在看旁边的班，看不到自己班上同学的手，棒交不到同学手里。"

……

看来老师的再三强调，还是在孩子们的心里留下了痕迹的，要不怎么说得头头是道呢？

"孩子们，你们都注意到了很重要的一点，那就是眼睛一定要看着你们要交棒的同学，他是你们的队友！"当即我将"队友"二字重重地板书在了黑板上，让孩子们和我一起念了两遍，明白"队友"的含义。

"而和你们一起站在赛场上其他跑道的同学就是你们的对手了。""对手"二字又上了黑板。孩子们这才发现，原来两个"dui"是不一样的。

"今天下午的比赛，谁是你们的对手？"

"二（2）班！""二（3）班！""二（4）班！"……

"那我们在赛跑时该看队友还是看对手呢？"

"看队友！"孩子们异口同声地答道。

"记住，我们只看队友，不看对手！"说着挺顺口的，而且也强调了关键之处。于是我再次重复"只看队友，不看对手"。孩子们也不由自主地跟着我念了起来。

教室里响起了孩子们响亮而富有节奏的口号声，他们边喊边点头微笑，好像在告诉身边的同学：我终于掌握了胜利的秘诀。

没想到这一招还真是管用，接下来的三场训练中没有掉一次棒。每一次练习前，我就让孩子们的眼睛看着我，我起一个头，大家便喊边了我们的口号——"只看队友，不看对手"。

当再有因为走神又犯相同错误的孩子时，我会捧起他的小脸，告诉他："我们只看……"孩子便接着说"只看队友，不看对手"。这样远比我一长串的提醒强多了。

终于，我们迎来了激动人心的比赛。赛前，孩子们用这口号提醒着自己，也用这铿锵的号子鼓舞士气，最终取得了第一名的好成绩！

"只看队友，不看对手"，是对具体情况的准确分析和有效决断。在这次灵感的影响下，我又根据班级的具体情况创造出新的口号："不给别人添麻烦""一份荣誉，一份责任""做一个安静的学习者"。这些口号都源自日常的学习生活，凝炼而明确，富有节奏感。当然也会根据班情而改变。孩子们在这些口号的引领下，越发懂得学习之道，相处之道。

8. 排队时，要做对

浙江省平阳县新纪元学校　金　莉

　　走进办公室，发现我的办公桌上放着一封"道歉信"，惊讶之余多了一些思考。原来这是子浩写的。那天他与同学们排队去实验室时，因陈亲烁插队，他劝说无果，恼怒之下将陈亲烁打得流鼻血。事后，他进行了深刻的自我检讨。读着他充满懊悔的字字句句，我不禁感慨：孩子们长大了，对自己的错误行为能有所担当了。插队打架，虽是个例，但仔细想想，排不好队的现象还是时有发生。于是我有了一个想法。

　　"这是周一早上放在老师办公桌上的一封道歉信。"我投影出这封信，故意叹了口气说，"其实不仅咱们班出操时，排队去餐厅的路上，排队打饭时，还有昨天大家在去上技能课的路上，都存在一些问题。"

　　我迅速投影出我拍的几张大家排队乱的照片，严肃地说："看了这些照片，你有什么想说的吗？"我有点特别的开场，让孩子们陷入了思考。

　　子浩第一个举手说："金老师，我为那天排队打闹的行为说一声对不起，影响了班级，也伤害了同学。陈亲烁，再次跟你真诚地道歉。"陈亲烁连忙起立回应道："是我的错，那天，我只顾自己说话，插队了，挤到你前面，是我的错，请你原谅……"

　　他们真诚地道歉，从自己身上找问题，这让我感到欣慰。但怎样才能更好地解决我们在其他场合排队的问题呢？

　　这时卫生委员林宇琪发言说："我们排队太不整齐，看起来有些乱。"到底是班干部，很快领悟了老师的想法。

刘纪昊也点点头，说道："在寝室排队时，有些同学只管自己看书，有的同学玩闹，没有好好排队！所以显得又吵又闹，让人烦躁。"

"是啊，我们排队时总是不够整齐，排队的速度总是不够迅速，排队的声音总是过于吵闹，今天就让我们一起说说排队时要做对的那些事儿。"我亮出了课题：排队时，要做对。

"在学校，我们什么时候要排队？"我问道。

"出寝室的时候。""跑操的时候。""餐厅排队等餐的时候。""去上技能课的时候。""集会的时候。"……孩子们你一言我一语地说道。

"为什么要排队？"我继续追问道。

班长谢芸煊说："排好队，有秩序，讲文明。"

卓宸说："时间就是生命，有序排队不插队，能让打菜、上下楼梯的速度变快，可以为我们节省不少时间。"

"你们说得对，有序排队不仅节约时间，更是一种文明的举动，让人赏心悦目。"我对他俩的发言表示赞同，"随着社会生活的不断发展，在许多公共场所，人们自觉排队的意识越来越强，车站、银行、医院等公共场所的井然有序，都是生活中文明举动的美丽风景。"

孩子们似有共鸣，连连点头。

"同学们，你们知道吗，紧急时刻，排队是拯救生命的钥匙。我们一起来看汶川地震时，四川桑枣中学创造的奇迹故事：2008 年 5 月 12 日下午，一场 8.0 级的大地震袭击了四川。这场破坏力很强的地震发生时，距离震中只有几十公里的桑枣中学的 2200 多名学生和上百名老师，用时 1 分 36 秒，逃出教学楼，无一伤亡！奇迹的创造源于他们平时有序的训练，灾难发生时有序的撤离。地震来临时，桑枣中学的学生们以最快的速度像往常一样分列两队，迅速撤离，下楼时，一队沿楼梯左边走，一队沿楼梯右边走。这种紧凑的疏散方法，使全校分布在五个楼层的班级都能有序地快速地撤离。"伴着配乐，我动情说道，"2000 多师生在这场巨大的灾难中安然无恙，这是多大的奇迹啊！现在能说说你的感受吗？"

思然说："我很想哭，我感到地震很可怕，他们在地震时的安全意识让我非常感动。"黄欢补充道:"从故事里我们可以知道他们排队排得很好,在那么紧急的时刻能够做好,说明他们平时的排队习惯很好。"

"是啊,良好的排队习惯创造了生命的奇迹,而缺乏安全意识,乱跑乱挤导致悲剧发生的事例也不少见。看,这是湖南某中学下晚自修时没有排好队无序下楼,一同学摔倒后引发的踩踏事件。图片上痛哭流泪的是 8 个失去生命的学生的家人,这与地震完全无法相提并论的事故导致的是 8 个年轻生命逝去、26 人受重伤的悲惨结局。"

听着我的讲述,孩子们的脸上露出了悲痛的神色。我轻声问道:"同学们,你们觉得排好队重要吗?"孩子们异口同声:"重要!"

"那排队的时候,同学们要怎么做?老师给大家带来一首排队歌,我们一起读一读,记一记。"

> 一二三,快快快, 抬头挺胸向前看。
> 地上有线齐对线, 没线对准后脑勺。
> 走出座位脚步轻, 管住嘴巴要安静。
> 整齐队伍一直线, 安静快速向前走,向前走!

大家一起诵读,声音很响亮,神情很专注。

"这些要求难不难?能做到吗?我们来实施一次,看能不能做到快、静、齐。每个人都是集体中的一员,每个人都要对集体负责。好,请同学外出排队时将椅子摆好后迅速到相应位置站好做对。听我指令,开始!"

学生听到指令后,动作迅速,有模有样。

"同学们,你们可真棒,那现在能不能回到座位上时也做到快、静、齐?"

学生听到指令,从教室外有序回到座位上。这次与第一次相比更快更静更整齐。

"孩子们,让我们把'排队时,要做对'的行动准则谨记在心,相信咱们班一定能坚持到底,努力奋进。期待你们的成长。"

9. 小鸟，我们的朋友

云南省曲靖市会泽县春晖小学　陈丽萍

那是刚下过雨的一个明媚的早晨，孩子们做完早操，回到了教室。

我刚踏进教室，就听到了孩子们的惊呼声："陈老师，邓益航捡到了一只小鸟！"

当孩子们献宝似的把小鸟捧到我的面前时，我才发现那是一只死去的鸟儿，羽毛暗黄，眼睛半睁着，脑袋耷拉着，但一时叫不出它的名字。

全班同学都围了上来，孩子们七嘴八舌地议论着。

此时上课铃声响了，可孩子们没听到似的还围着看鸟，纷纷猜测着它死亡的原因。

为了把孩子们的注意力转移到课堂上，我灵机一动，让孩子们中午以《追寻小鸟死亡之谜》为题写一篇小作文，来满足他们的好奇心。孩子们高兴地答应了，把小鸟交给了我。我接过小鸟让一位同学帮忙先送到办公室。

我以为这件事到此为止了。但下午我批改孩子们的小练笔时，小小心灵的善良深深感动了我。原来，在孩子们把小鸟给我之前，邓益航等几名同学还对小鸟进行了施救，他们给它喝水，怕它口渴；把它放在怀里温暖它，怕它受冷……听说小鸟死了，孩子们心中充满了同情。平时调皮的李一帆还写道："我和爸爸到林子里打过鸟，以后再也不打鸟了。"

我被这群二年级的孩子们流露出的真情打动了。看着办公桌上静静躺着的小鸟，我想，这是一次多么好的生命教育和保护小鸟的环保教育的机会呀！因此我在下午最后一节自修课要结束的时候，开展了《小鸟，我们的朋友》的微班会。

课前我精心制作了课件，根据孩子们的小练笔编写了小诗。课上我出示了一些可爱小鸟的图片，让孩子们聆听小鸟悦耳的鸣声，请同学朗诵小诗：

> 每天清晨，是鸟儿用悦耳的歌声将我们从睡梦中唤醒；寂寞的上学路，鸟儿叽叽喳喳给我们带来一份份惊喜；朋友，您感受到那可爱小生灵的美好了吗？在我们生存的地球上，有了鸟儿，才有了鸟语花香、莺歌燕舞；在我们生存的地球上，有了鸟儿，蓝天才更美丽，人类才不孤单。鸟儿，是我们的朋友。

然后我轻轻捧起那只死去的小鸟，让孩子们说说自己的感受。当邓子涵说"真可怜，它的家人要是知道了该多伤心"时，有的女生流下了同情的泪水，我知道他们在惋惜美好生命的逝去。

孩子们还对小鸟的死因进行猜测："昨晚的暴雨打湿了它的翅膀，它飞不起来，回不了家，被冻死了。""也许它迷路了，又找不到食物，饿死了。""是被猎人的猎枪打死的。""淘气孩子的弹弓让它受伤了，又没有人给它治伤。"

我一一点头，并不评论谁的猜测最合理。

"孩子们，你们知道吗，在世界的各个角落，在我们看不到的地方，很多鸟儿朋友也失去了宝贵的生命。有人滥杀小鸟，我们的朋友成了人们的盘中餐，人们过度砍伐森林使我们的朋友无家可归……听，我们的朋友向我们发来了求救信号。"我接着说，"孩子们，快来救救我们的朋友吧！我们能为它们做些什么？"

有孩子说："给小鸟做一个温暖的巢。"有孩子说："给小鸟喂食。"有孩子说："多种小树，告诉身边的人不捕杀小鸟。"还有孩子说："不掏鸟蛋。"我追问:"为什么?"他回答:"蛋里有鸟宝宝。"

最后我们商议怎样安置这只死去的鸟,同学们一致认为小鸟很可怜,要把它埋在我们校园里。

下课后,我们为小鸟举行了葬礼,在花园发现小鸟的地方挖了一个坑,把小鸟埋葬了,班里的几个女生还用自己的小手绢为小鸟做了一张温暖的小床。

我知道这次活动肯定会在孩子们小小的心灵里种下一颗善良的种子,因为他们感受到了生命的美好,感受到了生命逝去的无奈,孩子们学会了尊重生命,愿意为呵护自然界里奇妙的小生灵尽一份力。

接下来的几天,我有点吃惊。在花园小鸟的坟墓旁,我们班的一些孩子领着其他班级的孩子在那谈论着那个逝去的朋友。我知道善良在传递。

10. 心中的英雄

浙江省平阳县新纪元学校　罗　星

"同学们，今天我们一起来谈谈自己心中的英雄好吗？"班会课上，我话音刚落，学生可积极了，纷纷举手。

这时我微笑着说："不着急，好好想想为什么他会成为你心中的英雄，并把他的名字写在老师发给你们的纸上。"

孩子们安静了下来，脸上洋溢着骄傲的神情，显示出他们心中的英雄是多么的了不起！

看孩子们一个个举起了小手，我准备开始第一轮的交流。当然，刚才巡查的过程中，我已经有了想法，所以交流的时候也有了倾向性。我请了几位孩子交流他们心中的英雄。

虞悦说："我心中的英雄是蔡徐坤，他长得可帅了，还很会跳舞。"

陈昊等不及了，抢着说："我心中的英雄是马云，他很有钱。"

黄显帅说："我的英雄是我的表哥，他玩游戏最厉害了。"

王烯童说："我的英雄是我的妈妈，因为她养育了我。"

当王烯童讲完后，我将掌声送给了她。班上的孩子们也跟着鼓起了掌。

"有一位母亲，比烯童的母亲更伟大，她是一位大英雄的母亲，你们想知道吗？"我问道。

"想。"孩子们大声地回答。

"那就让我们静静地看一段视频，并想想：为什么她很伟大呢？"说着，我播放起特意剪辑的视频《精忠岳飞》：岳母轻轻地拿起绣花针，缓缓地移到岳飞背上，颤抖的双手表达了内心的不舍。她含着泪一针一针地刺在岳飞的背上。岳飞紧锁眉头，忍住疼痛。就这样，"精忠报国"四个大字，血肉模糊而又清晰地烙印在了岳飞背上。而后岳飞牢记母亲的叮嘱，奋勇杀敌，浴血疆场，成为世代赞颂的民族英雄。

孩子们看得很投入，教室里安静得我都不愿移动脚步了。从孩子们的眼神中，我看到了惊讶，看到了紧张。

视频播放结束后，我给了孩子们一点时间，让他们回忆这让人内心久久不能平复的画面。

"孩子们，为什么老师说岳母很伟大，谁猜到了？"我问学生。

"因为她教育了岳飞，让老师敬佩。"白冰洁说。我为她竖起大拇指。

"因为岳飞没有辜负母亲的希望，让老师敬佩。"蔡书绮说。我同样为她竖起大拇指。

"我很敬重岳母。"我提高了音量，"岳母刺字，很疼，但是岳飞在心里牢牢记住了。他记住母亲的叮嘱，精忠报国，奋勇杀敌，抵御外敌，成为民族的大英雄，成为爱国的大英雄。岳母刺字，岳飞报国，深深地刻在了老师的心中。"边说我边将"爱国"两个字写在了黑板上。

"同学们，让我们对比一下刚才自己所写的英雄跟岳飞、岳母有没有什么不同之处。"

孩子们有点愣住了。我接着说："要不我们小组讨论一下，可能想法更多？"

孩子们开始了小组讨论，虽不是很激烈，但是表情显得严肃了些。

陈灵说："老师，我的英雄只会跳舞，但是岳飞会打战，保护自己的国家。"

白桐羽说："老师，你的英雄是为国家的，我们的英雄只是我们喜欢的。"这样的答案有点稚嫩，但是讲出了我心中所想表达的。

"英雄，是一个名词。人们对英雄会有不同的理解。老师心目中的英雄，是本领高强、勇于为国家为民族奋斗、令人敬佩的人。我希望这样的英雄也是你们敬佩的。老师也想像岳母那样给你们留下深刻的印象。当然，背上刺字的方法在今天已不适用。"

我微笑着和孩子们交流。我想，孩子们已经初步明白了英雄的本色，于是接着说："岳飞是历史英雄人物的代表，在历史长河中，有无数这样的英雄，你们能说出几个吗？课后，老师想让你们寻找心中新的英雄，把他的名字写在纸上，把他的事迹记在心中，用他的精神激励自己。我们以后再交流，好吗？"

课结束了，可能留给孩子们的东西并不多，但"精忠报国"四个字将深深刻入孩子们的心中。我和孩子们也将继续寻找英雄，学习英雄。

11. 一次作业的改变

四川省成都市双流区实验小学　陈　洁

六一跳蚤市场结束，班上还留下很多零食，本想给每个孩子一个，可这些零食大小不一、品种不同，怎么分，着实让人为难。

有了，临近期末，每天学生都有过关内容，如果认真完成就可以奖励一个。但仔细一想，那么多孩子，那么多过关内容，每次每人一个，也许两天就分完了，而那些学困生几乎没有希望拿到奖励，真是伤脑筋啊！

几经斟酌，我确定了奖励细则：（1）以小组为单位，成员全部过关，可以得到一个奖励。（2）如果有特别困难的同学，只要在小组成员的帮助下进步明显就可以得到奖励。（3）个人获得五次满分也可以得到一次奖励。这样一来，小组成员就必须团结起来，互相帮助，同时也尽可能避免了责怪他人连累自己的现象，毕竟也有属于自己的奖励。

结果第一次的拼音写词语作业就大大出乎我的意料，尤其是李政桀的作业：卷面干净整洁、无一个黑疤，而且全部正确。天啊，他算是全班学习最不认真的孩子，上课开小差，玩具不离手；下课不见人，改错追着跑；回家做作业，眼泪一大把；考试看试卷，好多不知道。

于是第二天的朝会课上，当同学们都安静之后，我略带神秘地对孩子们说："今天呀，老师想要表扬一个同学。是谁呢？"我抬眼扫视了整个教室，孩子们充满好奇而期待地看着我。

"你们猜，是谁呢？不是陈悦，不是黄运勤……是一个你们可能猜不到的人！"我拿出名字被板擦挡住的作业投影在大屏幕下。

这时我发现李政桀的眼睛亮闪闪的，同学们开始七嘴八舌地猜测。

"严辉？"

"不是！"

"李睿寓？"

"不是！"

越猜越疑惑："谁写的呀？"

"好了，咱们先不说谁写的。你们觉得写得怎么样？"

黄运勤最先举手："一看就写得很认真，他是一笔一画在写，你们看，还有顿笔！"

哟，李政桀怎么脸有点红了。

王庞轩不甘示弱："没有黑疤，还全正确，快赶上陈悦他们几个了！"

三妹弱弱地举起了手："比我写得好，虽然我也能写这么漂亮，可是我总是不够认真，有时大，有时小，有时有笔锋，有时又没有。如果不是他们几个成绩好的，我还真猜不出来是谁。"

望望李政桀，听着同学们一个个的赞誉，正抿着嘴笑呢，瞧把他得意的。

"好了，是谁呢？"我拿掉了挡住名字的板擦。

顿时，教室里响起了热烈的掌声，有人还向李政桀竖起大拇指。

我趁热打铁："说实话，看到这个作业我既惊讶又感动。我很想采访一下李政桀，你是怎么做到的呢？"

李政桀不好意思地站了起来："昨天晚上我让妈妈给我听写了三遍，自己还静下心来抄了好几遍。做的时候我一点都不敢不认真，还把玩具都收起来了。"

他的小组长迫不及待地举手为他证明："是真的，他今天真的没带玩具，连橡皮尺子之类的，都在同桌的监督下放在文具盒里没有拿出来玩。"

听到这儿，我忍不住向他竖起了大拇指："老师很好奇，你怎么就突然这么认真了呢？"

李政桀脸更红了，半天才出声："老师的零食好吃，黄运勤他们说只要我努力，他们得了奖励都会分给我，而且我同桌随时提醒我，他们没有嘲笑我，我就试了一下。"

　　"哇，他试了一下，就这么厉害？"有人忍不住问。

　　我再一次指向投影中的作业："他只是试一下吗？从这个作业你看到了什么？"

　　同学们有点迟疑，陆续有人举起手。

　　"原来努力了，可以做得那么好。"

　　"我好羡慕他们小组里的成员，没有责怪，有的是热心帮助同学，还把好东西拿来分享。"

　　"李政桀试一下，就可以做得那么好，我也愿意试一下……"

　　"他不是只是试一下，应该是很用心地努力了一把！不过，我还是想告诉李政桀，不能只试这一次，要坚持多试试。"

　　"说得真好，李政桀，你要坚持哦！"

　　"也许李政桀是因为零食才开始努力，也许他们小组中有的同学也是因为零食才开始主动帮助他人。"听了同学们的话，我微笑着看向全班同学说，"但不管怎么样，你们都让我看到了希望，看到了李政桀可以学得很好，看到了努力的力量，团结的力量，友谊的力量，坚持的力量。所以我相信这是一个好的起点。其实，没有零食的鼓励，我们一样可以做得好。加油吧，孩子们！"

　　自此以后，很多同学都开始努力，因为他们懂得努力可以创造奇迹；后来小组成员更加团结，因为他们明白接纳与分享比排斥更让人快乐；班上出现了一个又一个的"李政桀"，而李政桀也始终在坚持的路上。

12. 学会倾听

山东省威海市福泰小学　谷鲁杨

　　数学张老师和英语陈老师反映班里有这样的现象：孩子们上课发言很积极，可是不注意听别人的发言。常常自说自话，对别人的发言不走心。我想了想，的确是，不光课堂上是这种状态，课下孩子们聊天，也常常是你说你的，我说我的，经常两人说着说着，就都生气了，最后不欢而散。

　　于是，我作了点准备。班会课上，我对孩子们说："我讲个故事给大家听，好吗？"这些三年级的孩子一听有故事可听，都打起了精神。

　　"曾经有个小国派使臣到中国来，进贡了三个一模一样的金人，金光闪闪，把皇帝高兴坏了。可是这小国使臣出了一道难题，问这三个金人哪个最有价值。"

　　讲到这里，我故意停了下来："你们有什么好办法吗？"

　　问题一抛出，教室里沸腾了："称重量""看做工""请金匠鉴定"……回答声此起彼伏。

　　我示意孩子们静下来，但收效甚微，许多孩子还面红耳赤地争论着。

　　于是，我只动嘴，不发声，夸张了一下嘴部动作。也许是夸张的动作比较大，教室里很快安静下来了。孩子们有点惊诧地看着我。

　　"你们说得真热闹，可我什么也没听清楚，你们听清楚了吗？"我清了清嗓子说。

　　"没有！"很多孩子直摇头。

"太吵了!"有的孩子在抱怨。

"都抢着说,没好好听别人说,是吗?"我问孩子们,不少孩子赞同地点了点头。

我问刚才说得眉飞色舞的小宇:"大家没听到你的发言,有什么感觉?"

"有点失望。"

"现在,我们重新来一次,好吗?"

孩子们安静下来依次重新把自己的想法说了一遍。

"你们这些想法,大臣都试过了,还是分不出高下。几天后,有一位退休的老臣赶来,他胸有成竹地拿着三根稻草,把一根插入第一个金人的耳朵里,稻草从另一边耳朵出来了;插入第二个金人的耳朵里,稻草从嘴巴里掉出来了;而插入第三个金人的耳朵里,稻草进去后就没有出来。老臣说,第三个金人最有价值!"

"老臣的话得到了小国使臣的认同,因为老臣巧妙地揭示了三个小金人的价值寓意。你们知道吗?"听到这里,很多孩子在眨着眼睛、歪着脑袋仔细琢磨。

"老师,我明白了,第一个小金人,从一个耳朵进,从另一个耳朵出,没有认真听别人讲话;第二个小金人从一个耳朵进,从嘴巴里出,爱讲话,乱讲话,没有思考。第三个小金人从耳朵听进去,然后记在心里,做事有分寸。"平时最爱发言的文浩同学,兴奋地说。

我赞许地点了点头。其他孩子恍然大悟。

趁热打铁,我出示了"聽"字:"这是听字的繁体字,大家观察一下,右边'十目''一心',告诉我们什么呢?"

"多用眼去观察!""要专心!"孩子们稍作沉思后抢答。

"再看左边部分,为什么是耳朵为王呢?"我问道。

"让我们多听少说。"孩子们笑着说。

"对,用心去倾听,才能察觉对方内心深处的声音。科学家发现,通过倾听获取的信息量占 40% 多。所以有人说，耳朵是通向心灵的路。"

"大家喜欢什么样的倾听呢？下面我们一起来看一段视频。"

视频先是情景模拟。JB 开始讲述自己一天中发生的事情时，Faye 背过身，一副无聊的样子。情景模拟后，Faye 问："我看起来在听你说话吗？"JB 失望地回答："没有。"接着，Faye 作为倾听的一方，向孩子展示什么是正确的倾听方式，比如表现积极的身体姿态，进行眼神的交流，在他人说话时轻轻点头，适当地提出问题等。

孩子们安静地看着。

"看完视频，大家想说点什么呢？"

"要是我在讲话，别人却背过身，作出一副无聊的样子，我会不高兴的。"

"坐端正，好好看着别人的眼睛，专心听别人说话，同学会很高兴，就会和他成为好朋友。"

"我们上课也要好好听老师和同学说话。"

……

此时的课堂，孩子们在用心感受，专心地倾听着他人的发言。

"来，老师将怎样学会倾听，编了一段口诀。我们一起来诵读。"随着投影的演示，同学们大声地诵读：

　　他人讲，细倾听，不打断，表尊敬。安静坐，不乱动，小眼睛，齐跟随。用心听，轻点头，会提问，表关心。听完后，再举手，存善意，指不足。转述时，须认真，话简单，语意明。

"回家后愿意把今天的故事讲给父母听吗？让爸爸妈妈也说说他们的理解，让他们也愿意倾听你们的心声。"

"愿意！"教室里响起了一片欢呼声。

13. 会走路的墨汁

云南省石林县鹿阜中学小学部　泰林红

每周四下午书法课结束后，"环保小卫士"们都会争先恐后地跑来告状："老师，老师，洗手间白色的墙壁上不知又被谁弄上了墨汁？""老师，老师，教室的地板上有一大摊黑漆漆的墨汁，脏死啦！""老师，老师……"

是呀，每次书法课一结束，教室里总是一片狼藉：墨汁打翻在地板上的，墨汁甩到同桌衣服上的，还有一些孩子字没练好，反倒弄得满手甚至小脸上黑乎乎的，垃圾桶里塞满了擦墨汁的各种纸张……这景象，一直深深困扰着我，怎么办呢？

思来想去，我决定为此开展一次微班会。

课上，我笑眯眯地对同学们说："孩子们，前段时间学校里不是举行了寻找最美校园的摄影比赛吗？今天，就让咱们跟着小记者们的镜头来欣赏一下我们的校园，好不好？"

孩子们一听，都高兴极了，叽叽喳喳地说："我也是小记者呢！会不会有我拍摄的照片呢？""太好啦，我想看看我们的教学楼！"……

图片一张接一张地播放起来，看着雄伟壮观的教学楼、洁净如新的教室玻璃、一尘不染的楼道、绿草如茵的田径场，孩子们一个劲儿地赞叹："哇，我们的校园真美呀！""咦，地板怎么会那么光亮呢？下次，我们还要拖得比这还亮！"

我笑而不语，继续往下播放。突然，屏幕上出现了不一样的画面：

教学楼洁白的墙壁上染上了一串黑色的墨汁。这对比鲜明的黑与白跃入大家的眼帘，是如此的不和谐！一下子，像被施了魔法似的，所有孩子的议论戛然而止，人人眼睛睁得比铜铃还大，面面相觑。

紧接着出现的画面，孩子们一边看，一边忍不住窃窃私语，因为他们看到了：洁净的地板上滴上了黑色的墨汁；走道上一片黑色的印迹；洁白的墙壁上多了一条黑色的"绸带"；一件干净的校服上多了几点黑色的墨迹，甚至教室地板上还有一瓶打碎了的墨汁瓶，飞溅的墨汁呈辐射状，星星点点，溅得到处都是……

图片播放完了，刚才热热闹闹的教室里再次鸦雀无声，孩子们你看看我，我看看你，然后不知是谁先把毛笔的套子重新套了一下，紧接着有的孩子用纸把墨盒包了起来，有的孩子把墨汁瓶往书桌的里面推了推。

看着这一幕，我微微一笑，对孩子们说："同学们，老师发现，我们的校园很美，但是，因为我们的墨汁会'走路'，一下走到墙壁上，一下走到衣服上，一下走到地板上，一下又跑到了你们的小手上，把美丽的校园弄得脏脏的，你们能让墨汁不要'走路'，乖乖地躺在我们的墨盒里吗？"

刚才静悄悄的教室里一下子沸腾起来，大家七嘴八舌地议论开了。

"老师，看了图片，我为自己的行为感到羞耻，因为我每次洗完毛笔后，都会甩几下，我想，墙壁上那几滴墨汁就是我甩上去的吧！"

"老师，我想，我们不能把墨瓶放在抽屉里，因为我妈妈告诉我，那样一拉书包，不小心就会把墨瓶带出来，掉在地板上，墨汁是很难拖干净的，可以放在书包侧边的小网兜里。"

我轻轻摸了摸王凯的头，笑了笑说："孩子，你妈妈真是个有心人，你妈妈说得对，这个办法很好。"

这时，李乐站起来说："老师，我认为放在书包的小网兜里不太好，万一不小心，会弄脏书包和书本，我们可以把每个小组的墨汁瓶放在一个小桶里，这样方便保管，还不会弄脏环境。"

我一听，李乐说得还真有道理。我对她竖起大拇指："李乐，你的办法很巧妙，放墨瓶这件事就由你负责，每次书法课之前，就辛苦你组织同学们提前准备好墨汁。"

李乐开心地说："好的，老师，保证完成任务。"说完，还调皮地敬了一个礼，逗得大家哈哈大笑。

班会课结束了，我原以为就这样告一段落了，可是令我万万没有想到的是：放学吃过晚饭后，我像往常一样来到教学楼的走道上时，却惊奇地发现李乐、王强、张雨，还有好几个孩子，正拿着抹布，拿着洗洁精，在努力地擦着墙壁上的墨汁，还有好几个孩子在洗手间里擦着瓷砖上的墨迹。

看着他们那认真劲，我心里有说不出的温暖，校园更美了，孩子们更可爱了，会"走路"的墨汁不见了。

14. 让大风吹

河北省石家庄市长安区金柳林外国语学校　王若冰

生活和学习过程中，孩子们很容易因为自己的一两处短板而变得沮丧，甚至丧失自信心，质疑自己一无是处。这是因为我们习惯看到自己的缺点，而往往忽视了自己的优点。因此帮助学生们发掘自身的优点，树立自信心尤其重要。

班会课的铃声响了，我拿着一张白纸走进教室，学生们投来关注的目光。看到学生们如此好奇，我卖关子道："今天我们来做一个小测试。"孩子们立刻来了兴致。

我拿起白纸，在上面画了一个不大不小的黑点，走到佳仪面前问："孩子，你看到了什么？"佳仪被我突如其来的提问惊住了，瞪着大大的眼睛，一脸疑惑地说："我看到了一个黑点。"

我没有回应，转而又去问嘉琦："你看到了什么？"嘉琦回答："白纸上有一个黑点。"我仍然没有回应，只听到他坐下后和同桌小声嘀咕："老师是什么意思？"

我继续提问宇轩："你看到了什么？"宇轩以为前两位说的都不对，想了想说："我什么都没有看到。"全班同学都笑了，有的同学还指着黑点说："明明有黑点，难道你看不见吗？"

差不多一半的学生被我问了，他们大多回答："看到了一个黑点。"这时我回到讲台上，很认真地说："孩子们，难道你们谁也没有看到这张白纸吗？大部分人的眼光都聚集在这个黑点上，这样黑点就会越来越大，而这张白纸却被我们忽视和遗忘了。就像是我们在生活和学习中很难发现自己和他人的优点一样。"

学生们若有所悟地点点头。

我继续说道："其实，我们每个人就是这张白纸，每个人身上都有很多的优点没有被发现，我们不妨一起来找一找自己身上的优点吧！下面老师和大家一起做一个游戏，名字叫'大风吹'，游戏的规则是：老师说'大风吹'，大家说'吹哪里'，老师点到谁谁就起立。明白了吗？"

"明白了！"孩子们既兴奋又期待。

我喊道："大风吹。"学生们大声回应："吹哪里？"我笑道："吹李若慈。"若慈像是中奖一样刷的一下站起来，我走近她，笑着说："哇，你写的一首好字，老师每次批改你的作业都很享受。"她开心又害羞地坐下了。

我继续说："大风吹。"孩子们都想被叫到，声音一个比一个高："吹哪里？""吹赵鹤翔，你上课勤于思考，回答问题特别积极，调动了课堂气氛，老师很喜欢你。"他吐了吐舌头，笑着说："谢谢老师。"

"下面，我们来变化一下角色，谁想来试试说'大风吹'？"孩子们都高高举起手，嘴里喊着"我，我，我"。"你来吧，鲁哲恺。"只见他整了整衣服，清了清嗓子大声喊："大风吹。"我和孩子们一起喊："吹哪里？""吹李炜琛，你为人诚实，对人真诚，所以很多人都愿意和你交朋友。"炜琛得到了认可，很开心。孩子们十分踊跃，都用欣赏的眼光观察着每一位同学。

"大风继续吹——"我提高了嗓音。

"吹哪里？"

"吹所有的女同学，你们好漂亮啊，长大了肯定都是知书达理的好孩子。"

班里的女孩子都露出了羞涩的微笑。

我观察了男生们，他们都用渴望被关注的眼神望着我，大风也吹向了他们。

游戏进行得差不多了，我郑重其事地说："孩子们，通过这个游戏，你们有了怎样的感受？"学生们有的说："原来我有这么多优点。"有的说："原来我自己挺好的，没有原先想的那么没用。"

　　游戏过后，孩子们也静了下来。我语重心长地说："孩子们，天生我材必有用，我们每一个人就像浩瀚宇宙中的星辰一样，每个人都有闪光的一面，只要我们找出自己的亮点，发挥自己的优点，摆在我们面前的就是康庄大道。所以老师希望大家都能发现自己和他人的优点，保持自信，用智慧描绘锦绣前程。"

　　顿时教室里爆发出雷鸣般的掌声。

15. 信守约定

陕西省西安市未央区华远海蓝城小学　鹿　洋

小时候我们都做过拉钩的游戏，这个游戏在孩子们心中，不仅仅代表着好玩，更是一种神圣的仪式，提醒着我们要重视与别人之间的约定，从而严于律己、说到做到。但伴随着成长，生活中一些不守约定的人和事也影响着他们。信守约定，可是一件马虎不得的事。

班会课上，我先出示了一张图片："图上有什么，谁来描述一下？"

"两个孩子在拉钩约定。"孩子们开心地说着。

"还记得怎么玩吗？"

"拉钩上吊，一百年不许变。"孩子们笑着和小伙伴玩起了拉钩游戏，课堂气氛一下子活跃起来。

看着孩子们四目相对，脸上露出会心的微笑，我猜他们一定想起了曾经的某个瞬间。

"想一想，你和谁，因为什么事，拉钩约定过。"我问道。

"我和妈妈约定过，如果我在规定时间内写完作业，就会有 20 分钟的亲子活动时间。"杜思楠说。

"那你就是约定的发起者，和妈妈拉钩时，你心里是怎么想的呢？"

"我希望妈妈能满足我的心愿。"杜思楠大声地说。

"谁和他不一样？这次你是约定的受邀者。"

"方正哲之前约我周六去世园会放风筝。"

"和他拉钩时，你心里是怎么想的呢？"

"我一定遵守约定，会按时到达。"王浩南一本正经地说。孩子们纷纷向他投来敬佩的目光。

"说得好！"我告诉孩子们，约定其实是两个人的事，不管是约定的"发起者"还是"受邀者"，都要严守诺言，不违约定。

"可是生活中我们会遇到一些特殊情况，导致我们不能按照之前的意愿去实现我们的约定。面对矛盾和冲突时，我们又该怎么选择呢？下面请看情景剧表演。"我微笑着说。

剧情是这样的：刘雪邀请子睿周六陪她过生日，子睿满心欢喜地答应了。回家后却得知周六爸爸妈妈要带她去摘草莓，一时不知如何抉择，恰巧周五晚上子睿突然又肚子疼，她该怎么办呢？

孩子们投入的表演赢得了大家热烈的掌声。但是该怎么办呢？

郭浩正大方地分享了自己的金点子："我觉得子睿可以提前给刘雪打电话，告知她自己身体不好去不了。"

"你们认为这个主意怎么样呢？"

王浩楠说："虽然由于身体原因，子睿不能遵守约定，但她诚恳地说明原因，提前告知刘雪，向她道歉，是可以的。"

"虽然不是故意的，但是对方心里难免会失望，谁还有金点子？"我想，得让孩子们考虑得更周全一点。

高书敏说："子睿应该让妈妈先领她去医院治疗，再和父母沟通，改天去摘草莓。"

这也是个好主意，不过为了培养孩子解决问题的能力，我有意继续增加难度："听着是不错，但是子睿的爸爸妈妈早就约好了，爸爸好不容易才请了一天假，他们多希望子睿能去呀！"

教室里顿时变得鸦雀无声，我满怀期待地望着他们。一只小手举起来了，真让我喜出望外。

"可以邀请刘雪到她家过生日，然后大家一起去摘草莓。"原来动动脑筋，问题还可以这样处理。孩子们恍然大悟。

"太棒了！我们用智慧出色地为子睿解决了难题。想一想我们在和别人约定时，要注意什么呢？与人约定前要考虑周到，要想自己能不能做到。一旦与朋友有了约定，就要努力达成。形成约定后，双方都要重视。真遇到特殊情况，不能实现约定，要多沟通，了解情况后要理解对方。我们中华民族有讲诚信的传统美德，'一诺千金''小信成，则大信立'等美谈流传至今。现代社会同样也要讲诚信。诚信，是我们社会的核心价值。讲诚信，一定要从信守约定做起啊！"

孩子们聚精会神地听着，一双双闪亮的眼睛里，流露出的是对诺言的看重，也是对诚信的珍视。

"拉钩上吊，一百年不许变。"下课后，欢笑声又回荡在教室里。

16. 让他三尺又何妨

山东省威海市福泰小学　郑　会

"老师，老师，李元硕和严奥翔打起来了，我们怎么拉也拉不开。"班长急匆匆地跑到我的办公室来报告。

我赶紧跑到教室，嘿，可不是嘛，两个人正打得不可开交呢：你拿书打我的头，我一手挡，一手揪你的头发；如果手里再拿着刀或枪的话，那简直像极了电视里的战斗片。

我赶紧咳了两声，引起他们的注意。看见我来了，两个人稍微收敛了一些，李元硕踢了严奥翔一脚，严奥翔也不示弱，追着踢了李元硕一脚，这算是"扯平了"。

"你们两个来我办公室一趟。"面对这两个孩子，我没说多余的话，把他们带到办公室冷静冷静。我则走出办公室，向其他同学了解情况。原来事情是这样的：李元硕的座位在严奥翔的后面，下课玩着玩着，李元硕的桌子太靠前了，把严奥翔挤着了。这下严奥翔不乐意了，和李元硕争吵了起来。一个往后推，一个往前挤，这一推一挤，两人便动起手来了。

了解了情况，我回到办公室，看见两人红着脸、互不服气的样子，我笑着说："我以为是天塌下来了，你们两个抢着去顶天呢，这么怒气冲天。你俩先回去，下节班会我们再说。"

小学生打个架，是比较普遍的事，尤其是男孩子，就像《水浒传》里的英雄好汉一样，说翻脸时就翻脸，说动手时就动手。但在我们班这可是第一例。为了不让这类事情再次发生，我得想个办法好好教育教育他们。正巧下节课是班会课，我就以此为课题，开了个微班会。

"同学们，我们先来认个字（出示篆体字：讓）。猜猜这是什么字。"孩子们猜了很多，但没一个猜对的。

"既然猜不出来，我们先来听个小故事，看你们能不能从故事中提炼出这个字。清朝康熙年间，安徽桐城出了个叫张英的，当上了文华殿大学士兼礼部尚书，邻居吴氏欲侵占他的宅边地，家人驰书北京，要张英凭官威压一压吴氏的气焰。谁知张英却回诗一首曰：'千里修书只为墙，让他三尺又何妨。长城万里今犹在，不见当年秦始皇。'意思很明白：退让。家人得诗，主动退让三尺。吴氏闻之，深受感动也后撤三尺，三加三等于六，就成了'六尺巷'。这就是六尺巷的故事。听完了这个故事谁再来猜一猜，这是个什么字？"

高年级孩子的领悟力就是强，马上猜出了是个"让"字。

"那听完这个故事，你想说点什么呢？"我首先请严奥翔回答，他很快联系到刚才发生在自己身上的事情。

"老师，我知道了刚才发生的事情是我不好，我不该一上来就动手。李元硕挤我也没事，正好我可以减肥。"其他孩子听了哈哈大笑，他也不好意思地笑了。

不用我点名，李元硕也自觉地站起来，说："老师，我也错了，我不该和严奥翔打架。本来就是我挤的他，对不起，严奥翔。"说着向严奥翔鞠躬道歉，"下一次我使劲挤你，帮你实现减肥大业。"这一次彻底把孩子们逗乐了。

接着其他孩子也主动发言："老师，我觉得我们班就是一个相亲相爱的大家庭，当我们和别人发生冲突时，首先要想到我这样做，对不对，是不是有利于班级的团结。"

"老师，我认为当我们和别人发生冲突时，应该变换角色想一想：如果我是他，会怎么办。"

"老师，我以自身体验来说一说。有一次，我和我们小区的一个同学发生了矛盾，我正想举起拳头揍他，但一想：算了，我是男子汉。但我还是有点气不过，于是就去跑步了，然后心情就好了很多。所以我觉得转移一下自己的注意力也是个好办法。"

"老师，我觉得吧，现在就是养成好习惯的时候，我们从现在开始做到不打架、不骂人，等以后让我说个'滚'字都不会。"

"你刚刚就在说脏话。"孩子们又哈哈大笑。

"不是，不是，我不是在说脏话，我是说我们要养成好习惯，刚才是举个例子。"为了证明自己，急得他满脸通红。

大家在哈哈大笑中，你一言我一语，理解了什么才叫"让"。最后我特意播放了微视频《相亲相爱一家人》，一张张温馨的照片，伴着动人的旋律温暖着我们的心。

17. 破茧能成蝶

湖北省监利县红城小学　王　梅

　　我出生在农村，走出农村求学又回到农村担任教师，我热爱这份职业，也深知农村孩子的知识面与大城市孩子的区别，所以我一直在找寻一些途径力求让孩子们开阔眼界，除了阅读，也尽力让城市教育资源走进他们的世界。

　　这不，北京市东城区广渠门中学附属花市小学的王港老师发来一个链接，是东城区各小学各科教师的教研课直播，我看了其中一节课，发现他们的孩子不管是谈吐还是思考的方式，都值得我们学习，于是花了一节课的时间让同学们观看。他们看得极其认真，但看完后垂头丧气，这让我很诧异，平时也上过视频学习课，他们这是怎么了？

　　"你们不喜欢这节课吗？"我问同学们。

　　"喜欢，但是我们不可能像他们这么优秀，他们的教室那么漂亮，电视那么大，比我们的好一百倍。"平时非常活跃的胡宇航嘟着嘴巴回答。其他同学也点头表示赞同。

　　"我们的教室太差了。"

　　"农村和城市简直不能比。我要是生在城市就好了。"

　　"里面有一个同学还说去过国外，我都还没出过省，好羡慕他们，他们可真有钱。"

　　其他的同学也窃窃私语起来。

　　我突然意识到吸引他们的是物质上的东西，这些外在条件的差别会让他们不自信。长久下去，这会影响他们的健康成长。我想到了一个故事，决定开展一次微班会。

"老师给同学们讲一个故事，这个故事的主人公就是图片上的这个人，他叫让·克雷蒂安。"我拿出一张图片说，"从图片上我们可以看到他是一个相貌丑陋，而且因为疾病导致左脸局部麻痹、嘴角畸形的人。老师给同学们补充一下，他还是一个说话口吃、耳朵失聪的人。"

同学们发出一阵"啊"的声音，表示难以相信。

"你们认为在生活中，他会遇到哪些困难？"我接着问。

"他会被别人嘲笑的。"

"他会学习困难。听不到只能去聋哑学校。"

"他会没有朋友吧，而且说不定别人还会给他起绰号。"

"他也会找不到工作，很难生存下来。"

小手一只一只举起来，说出了大半个教室的"困难"。我接着讲这个故事："你们想到的困难都是他成长中不可避免的，甚至是你们没有想到的困难他都得忍受。为了矫正自己的口吃，他模仿古代一位有名的演说家，嘴里含着小石子讲话。看着嘴唇和舌头都被石子磨烂的儿子，他的妈妈心疼地要他不要练了，说一辈子陪着他。懂事的他却说：'每一只漂亮的蝴蝶，都是自己冲破束缚它的茧之后才变成的，如果别人把茧剪开一道口，由茧变成的蝴蝶是不美丽的，我要做一只美丽的蝴蝶。'后来，他能流利地讲话了。"

"如果他要竞选总理，你会投他一票吗？"在讲故事的过程中，我抛出了这个问题。

"不会，就这长相别人也不会投吧，这会影响国家形象的。"古灵精怪的邓欣怡说道。

"这当选总理，不是笑话吗？"马德邦说完，其他同学也跟着起哄。

"这是异想天开吧，怎么可能当总理呢？"

我知道，他们完全不相信他可以正常生活，更别说竞选总理了。

"你们知道吗，他去竞选总理了。"我故意停顿了一下。

"他可真有勇气。"刘灿投来敬佩的目光。

"后来呢？他当上总理了吗？"他们对结局总是充满了好奇。

于是我告诉他们："他博学多才，去参加总理竞选时，他的对手带有人格侮辱地攻击他的长相与出身。当他的成长经历被人们知道后，他赢得了极大的同情和尊敬，他说的'我要带领国家和人民成为一只美丽的蝴蝶'的竞选口号，使他以高票当选总理，并在1997年的竞选中再次获胜，连任总理，人们亲切地称他为'蝴蝶总理'，他，就是加拿大第一位连任两届的总理——让·克雷蒂安。"

同学们再一次"啊"出声来，惊讶地问："这真的是他吗？简直不敢相信。"

"同学们，我们的条件是不是比他好多了？我们只是身处农村，这些外在的条件并不会左右我们的命运，敢想敢做就有可能实现自己的目标。"

"老师，我突然觉得我们还是幸运的。"王新蕾笑着回答道。

"我觉得我们也可以成功。"班长平雨菲振振有词地说，仿佛自己也是直播课中的小孩，满脸的自信。

"大家是生在农村，老师也是，有些东西我们无法改变，比如贫穷的出身、丑陋的相貌、痛苦的遭遇，这些都是我们生命中的'茧'，但有些东西人人都可以选择，比如自信、毅力、勇气，它们是帮助我们突破命运之茧、由蛹化蝶的生命之剑。也许我们会羡慕那些天生条件比较好的人，但那毕竟是少数的，总有一天我们会明白，就大多数人来说，那些背负着人生苦难的重荷一步步慢慢向前，一直坚持到最后的，才是走得最远最好的，你们相信自己可以'破茧成蝶'吗？"

"相信！"他们一起有力地回答。

几天之后的日记本上，他们再一次叙述了这个故事带给他们的力量，他们也想成为"一只美丽的蝴蝶"。

18. 左手方，右手圆

天津市静海县实验小学　时德艳

　　我新接任了六年级 8 班的班主任，查看上学期的成绩，又是一个年级倒数的班。岗位公布后，除了能感到学校领导的那份信任，便是沉甸甸的责任。

　　开学两周了，我用心观察这帮孩子们，聪明伶俐，有眼力见儿，也挺懂事，可就是上课注意力不够集中，总有一些孩子"一心以为有鸿鹄将至，思援弓缴而射之"。这也许就是成绩不理想的原因所在。面对这些"身在曹营心在汉"的孩子，我该怎么办呢？左思右想，我有了主意。

　　周一的班队课上，我兴致勃勃地走上讲台。"同学们，今天的班会课我们一起做个游戏好不好？"

　　"老师，什么游戏？好玩吗？""太好了，老师，您快说是什么游戏啊。"一听说做游戏，大家热情高涨。

　　我故意卖关子，慢条斯理地说："游戏很简单，只是老师担心大家做不好，那样你们会失望的。"

　　"老师，您倒是快说怎么做啊，我们一定能行。"

　　"好，请大家准备好两只铅笔和一张纸，左手画正方形，同时右手画圆形，看谁画得又快又好。"

　　"这个不难，太简单了。"一些同学迫不及待地拿起笔，快速地画起来。有的左手画着，右手停顿；有的只是右手在画，左手停下来；有的两只手虽然同时画，可看着自己画的圆和方实在不像样，就赶紧拿橡皮擦掉重画。

我一边督促同学们注意游戏规则，必须是同时进行，一边强调一定要画好看。孩子们手忙脚乱。可就是画得方不方，圆不圆。很多孩子垂头丧气地放下了笔。

"同学们，我们的游戏时间到。玩了这个游戏，你们有什么想说的吗？"我的话音未落，一只只小手高举起来。

史明兰说："老师，左手右手同时画正方形和圆，根本就画不好！"

刘禹含说："老师，我顾了这头顾不了那头，哪个都画不成！"

张钧奕说："老师，通过做这个游戏，我觉得做事一心不可二用！"

王建地说："对，我和张钧奕想的一样，无论干什么事情只有专心致志才能干好。"

邵易说："老师，如果我们专心画圆或者专心画正方形，就都能画好，同时进行就什么都画不好。"

我说："同学们说得非常好，联系一下我们的课上听讲，你们有什么感悟呢？"

一下子全体沉默了。

很快，卢旭博说："老师，我知道了，如果上课不专心听讲就学不会知识。"

张霄岭也说道："对，老师，一年级的时候我们学过一篇文章《小猫钓鱼》，文中的小猫钓鱼时三心二意，一会儿追蝴蝶，一会儿追蜻蜓，所以就钓不到鱼。当他和猫妈妈一样专心钓鱼时，就钓到了大鱼，就是这个道理。"

我说："同学们说得非常好，刚才我们左手画方，同时右手画圆，其实什么都画不好。因为一个人的精力是有限的，只有集中精力才能做好事情。听课也是一样，如果一边听课，一边想着别的事情，那么课听不好，别的事也做不好，岂不是白白地浪费了时间？老师希望大家今后无论做什么事情都要专心致志。"

"左手画方，右手画圆"这个小游戏，让孩子们亲身体验了一心二用的弊端，收到了良好的教育效果。以后的课堂上，少了随便说话的声音，少了东张西望的眼神，取而代之的是一双双专注的眼睛和一次次灵动的思维碰撞。

感谢这个小游戏，让孩子们有了大大的收获。

19. 我们之间的喜欢

山西省太原经济技术开发区九一学校　王瑞安

一个周三的下午，我刚从教室回到办公室。好不容易坐下的我想舒展下身躯放松下，"报告"的声音猛然在耳边响起，进来了两名学生，手里攥着张纸条。

打开纸条，映入眼帘的是上面的"表白信"三个字，我本能地先看了看作者，原来是我们班有名的捣蛋鬼小林所写。

"×××，我喜欢你，你的头发黑黑的，皮肤白白的，眼睛亮亮的，放学后，我等着你，你跟着林哥一起走天涯。"

看完后，我笑得前仰后合。

作为一个年轻班主任，我与其他老师一起探讨了这个问题，向他们取经求解，最终想出一个两全其美的办法，也许可以引导孩子们认识喜欢，以及自己如何成为别人喜欢的人。

班会课上，我说："老师知道你们都有自己喜欢的人，可能是你的某一个玩伴、同学、家人或老师。今天要做一个小测验，大家把自己喜欢的人的名字和理由，写在刚发给你们的纸条上，不需要写出自己的名字。3 分钟内完成。"

听我说完，同学们你看我，我看你，没有马上动笔。他们不知道我葫芦里卖的什么药。

"请好好思考一下，你写的这个人，到底哪里吸引了你呢？请在下笔之前，先安静地思考 30 秒。"我接着说。慢慢地，同学们开始动笔了。

我悄悄地观察着他们，有的奋笔疾书，有的低头思考，还有的左顾右盼。

时间很快到了，我要求他们马上把纸条折叠好，由小组长统一收上来。

我请两位同学在里面随意抽取十张纸条进行交流分享。

"王哲睿，因为她学习特别好，每次都是第一名，当我有不会的题，她总是热心地帮我讲解。"

"姚继雨，她读过很多书，讲过的每个故事都十分有趣。她画的国画惟妙惟肖，特别逼真。"

"马佳铭，不仅学习好，而且体育也很好。"

"杨智宸，喜欢帮助别人。"

"齐昭涵，和她一起玩耍很开心，她总是把自己的好东西分给我们。"

……

听到这些话，我很高兴。我知道孩子们向往积极向上，向往真善美。于是，我问孩子们："你们有没有发现这些理由中的共同之处？"

"他们很优秀，身上都有闪光点。"张丹诗说。

"他们都爱读书，善良友好，乐于助人。"杨舒文说。

"他们是我们学习的榜样。"常佳馨说。

听了他们的发言，我认为他们已经对"喜欢"有了正确的理解，于是我说："老师知道你们有很多话说，随着年龄的增长，我们会对异性同学产生好感，会多关心她（他），会喜欢她（他）。喜欢别人，肯定也希望别人喜欢自己，那就要让自己变得优秀，变得强大。这样，现在我们一起写写自己如何成为别人喜欢的人。不一样的是，在纸条的右下角写上自己的名字，统一贴在后面的展示台上，互相鼓励，一起进步，看看谁的变化最大。"

话音刚落，很多同学似乎已经想好要写什么了，迫不及待地拿起了笔。而坐在角落里的小林，一副若有所思的样子。课后，我把他叫到办公室，他告诉我他写那封"表白信"是因为班长学习好，很优秀。我对他说:"那你要多向她学习,努力和她一样出色,但是'跟着林哥一起走天涯'这样的话不能说,这样的玩笑是不能开的。"

虽然课结束了,但我还在思考:教学生正确认识男女同学的交往,只是第一步。作为一名班主任,要细心观察每一位学生,一旦发现班级里学生表现出朦胧的行为,要进行分析,进行引导,不必小题大做,但也不可任其发展,要主动对学生进行教育,用科学的语言和他们能接受的方式告诉他们怎样做更好,将他们心中的好奇转化为努力学习、不断进取的动力。

20."王者"真荣耀

河北省石家庄市柳林铺小学　王艳红

　　还记得在一个新闻节目中一位乡村教师这样问马云：现在许多孩子都在玩《王者荣耀》，虽然我认为玩游戏的孩子还蛮聪明的，但是他们容易沉迷其中。那对沉迷游戏的孩子应该怎么引导呢？

　　这个问题引起了很多人的深思，就像马云回答的：这个世界上没有哪个国家是靠玩游戏成功的。学生是祖国的未来，如果他们都沉迷游戏了，那想到未来真让人不寒而栗。

　　一天晨会课前，我照常早早地走向教室。还没进教室门，就听到班里一群孩子在议论：

　　"昨天晓晓的英雄秒杀了对面好几个人，经济最高。"

　　"那算什么啊，乐乐都有武则天这个英雄了。"

　　"对对，他的英雄昨天都上国服前五了，厉害吧！"

　　"别提了，我昨天足足杀了他们两个小时，累得我手都麻了。"

　　听到这样的议论，我倒吸一口凉气，这还得了，但仔细一想，这不正是教育的契机吗？我走进了教室，孩子们一见我便立刻收住了话题。

　　晨会课铃声响起，我在黑板上写下了四个大字："王者荣耀"。孩子们都笑了起来，几个游戏大王还挤眉弄眼地笑了一下。

　　"这个游戏大家不陌生吧？里面有很多英雄人物，你最喜欢哪个呢？"

　　"武则天""东皇太一""韩信"……

　　我故作惊奇地问："为什么你们会喜欢这些人物？"

"武则天控制能力强，消耗能力强，能全图支援，最主要的是这是有钱人身份的象征。"晓晓说。

"韩信的突进能力强，适合游走，他可以为团队创造优势。"乐乐说。

"东皇太一在团队中意义很特殊，最厉害的就是他的大招——堕神契约，能有力地压制对方的英雄。"

孩子们兴趣高涨、议论不休。

"孩子们，你们说到的这些英雄可以让你们成为游戏中的王者，"我随手将"王者"两个字加上了引号，"可是，你们仔细想想，除了游戏中的王者，我们还可以做哪些地方的王者呢？"

教室里顿时安静下来，孩子们陷入了思考。

一会儿，班长小伟举起手说："老师，还有学习上的王者。"

丁丁补充道："还有生活上的王者。"

孩子们都纷纷点头，附和着："对，对。"我听到孩子们的回答，心里很高兴，因为我了解了在他们的心中不仅仅有游戏。

我借机问孩子们："那我们如何成为学习和生活中的王者呢？"

"要想成为学习上的王者，需要上课认真听讲，认真完成作业。"

"还得作合理的学习计划，提高自己的学习效率，增强学习内动力。"

"生活上要学会自立自强，自己的事情自己做。"

"遇到困难和挫折的时候，要努力克服，成为生活的强者。"

"但是现在有小朋友沉迷在游戏中，昨天打游戏打了两个小时，累得手都麻了，怎么办？"我刚说完这句话，有小朋友的脸就红了。

"现在我们把很多时间花在玩游戏上，将来就会被游戏玩。"我在"王者""荣耀"之间写了个"真"字，认真地说，"我们需要真正的'王者荣耀'。"

孩子们纷纷发表了自己的想法。许多孩子说应该把玩游戏的时间和精力放到学习和生活上，学会克制自己，磨炼自己，去体会一种真正的"王者荣耀"。

"那如果就是想玩怎么办？实在控制不住怎么办？"平时不爱说话

的豆豆说。

"孩子们，你们谁有好的解决办法呀？"我问。

有同学说："爸爸妈妈监督我。作业写完之后，我再和他们申请玩游戏。"

有同学说："我平时不玩，周末有固定玩游戏的时间会玩一会儿。"

"大家说得很好。游戏可以玩，但一定要控制好。有同学昨天晚上玩了两个多小时的，我一定要联系家长。我们要齐抓共管。当然，自控力很重要。"我告诉孩子们，"班级将尽快从玩游戏的时间、地点、定位等方面制定行为规则，建立了游戏的行为规则后，我们要严格遵守，在学习、生活中找到最佳的平衡状态。"

不久，我们在家长的支持下，出台了有关玩游戏的班规。后来，教室里再没有听到议论关于《王者荣耀》中的英雄人物的事情了，倒是看到孩子们学习的劲头更足了，个个摩拳擦掌争做学习上的"王者"。我们又围绕"王者"的话题积极参加学校的许多活动，如"名人励志故事"演讲比赛、"小小书法家"书法比赛、体育小达人等，让同学们不断感受到"王者"的真荣耀！

21. 一瓶绿萝的启示

上海新纪元（重庆）学校　毕经方

　　上学期，韩老师给了我一瓶水培绿萝，绿油油的叶片配上晶莹剔透的玻璃瓶，使我这个粗糙的男老师一下子变得精致起来。我对这瓶绿萝爱不释手，每天按时给它换水，一学期过去了，绿萝已经将玻璃瓶覆盖得严严实实，上面淡绿，底下深绿，生机盎然。

　　这学期，我想让孩子们也感受养绿萝带来的快乐，就把绿萝捧到了讲台左上角的角柜上，想让孩子们也来学着照顾它。

　　两个月过去了，我渐渐淡忘了那瓶绿萝。清晨，几缕阳光从门边照射到我的办公桌上，这让我想起了那瓶绿萝。

　　我刚走进教室，平时大大咧咧的小刘就跑到讲台前仰着头对我说："老师，我告诉你一件不好的事，你千万不要生气！"

　　还没等我回过神来，小刘一脸悲伤地说："老师……绿萝的叶子黄了……蔫了……"

　　孩子内疚的样子让我有点心疼。可是，为什么好好的绿萝会变黄、掉叶子呢？

　　班里很热闹，孩子们正在讨论着今天学校发的芒果很甜，而那瓶黄了叶子的绿萝丝毫没有引起他们的注意。

　　上课铃响了，我走到角柜边，把那瓶只剩几片黄叶，主茎渐变成绿黄的绿萝搬到了讲台上。孩子们看见了绿萝，一下子安静了下来。

　　"孩子们，看到眼前的这瓶绿萝，你们最想说什么？"我问。

劳动委员小常低声说:"老师,我是劳动委员,我没按时给它换水,是我的错。我周末再买一株同样的绿萝插在瓶子里,您看行吗?"

班长小雪站起来说:"是我没有按照老师的要求安排同学们轮流照管这瓶绿萝,我让我妈妈买一个送过来吧!"

见两位班干部都站起来承担责任,其他班干部也纷纷站起来。有的说自己每周值日时忘了给绿萝换水,应该负主要责任;有的说我们都要承担责任,因为绿萝是美化我们教室的。

"它还能活吗?"坐在教室后排的小刘一改平日的沉默寡言,怯怯地说,声音里分明有伤感,有期盼。

教室里霎时安静下来。

"孩子们,你们觉得这瓶绿萝还能活吗?"我的目光在每一个孩子的脸庞掠过。

"我看能活,你看它的底部还有淡淡的绿色,一定还有生机!"小常用手指着那瓶绿萝说,眼睛里流露出喜悦。

小澜慢吞吞地站起来,哑着嗓子说:"叶子都掉得差不多了,估计是养不活了,别耽误时间了,干脆扔了吧!"

"能活""不能活",一时间,教室里对立的两派竟争执起来,但坚信能活的还是多数。

我让孩子们安静下来,感慨地说:"同学们,绿萝出现了生命危机,我们大家都有责任,但刚才大家的表现令老师非常满意,你们勇于承担责任,不推诿,不埋怨,而是努力寻找解决问题的办法,你们都是有责任感的好孩子!那接下来我们该怎么做呀?"

同学们纷纷举手,小汪说:"我愿意照顾这瓶绿萝,我可以向老师和同学们作保证!"

小白说:"除双休日外,我坚持每天观察绿萝的长势,写观察日记,它一定会重新变绿的!"

"我下周买一瓶营养液来,保证这瓶绿萝能够长得跟以前一样。"小不点秦言一脸自信地说。

班长小雪说："老师，我觉得应该把同学们分成几个小组，责任到组，责任到人，小组每天派人定时定量地给它换水，这样，它一定会越长越旺盛！"

我的心里一阵激动，对孩子们说："你们同意班长的意见吗？"

孩子们齐声回答："同意！"

于是，班长把全班分成了五个小组，责任到人，每个小组轮流值日，并且选出组长。五个小组还分别取了一个好听的名字：爱绿小组，护绿小组，养绿小组，浇绿小组，赏绿小组。

为了使大家能够兑现承诺，我和孩子们一起制定了养护绿萝的责任状，每个孩子都签上了自己的名字。看到孩子们签字时那神圣的样子，我舒心地笑了。

22. 放飞梦想

上海新纪元教育集团　丁如许

班会课的上课铃响了。

"同学们，我们到古华中学学习已经有一段时间了。古华中学生动的课堂、丰富的活动，给我们留下了深刻的印象。老师想问问你们，有没有想过将来要做什么，你们的理想是什么？来，今天这节课，我们先说说自己的梦想。"我开篇迅速切入话题。

我就近问小文，她告诉我："想做老师。"

"为什么想做老师？"在今天想做老师的孩子不多，我继续问道。

"因为老师能传授知识。"

"可是老师很辛苦，收入也不高啊。"

小文没有回答，这个问题对于她有点突然，她过去没有思考。

我又问了几个同学，他们告诉我还没有思考过将来做什么。倒是小刚告诉我，他想做医生，因为医生可以救死扶伤。

"同学们，刚才听了大家的发言，我发现有的同学对将来做什么有比较明确的想法，而有的同学还没有很明确的想法。"我说，"对于将来想做什么，我们应该有一个小小的愿望，应该有一个明确的目标。我在别的班也上过这节课。有同学想当工程师，有同学想当教师，还有的想当医生，想当军人，想当宠物店店主……这些想法都是非常好的。"我打开课件，感慨地说："同学们，我们进了初中，这是人生成长的重要阶段。在这个阶段，我们应该有一个梦想，清楚自己将来想做什么。同时，我们不仅要思考将来要做什么，还要思考将来做得怎么样。"

说着，我在投影屏上打出一张照片，一个十三四岁的孩子的半身照。我问同学们："老师想让你们猜猜他是谁。能猜出来吗？"

同学们一时愣住了，猜不出照片上的人是谁。

我笑着说："在其他班上课时，有同学说是毛泽东，也有同学说是雷锋，他们说的都是伟人啊！"

我故作停顿："他是谁呢？他就是我，就是你们面前的老师。"话音刚落，全场一片惊讶声。

我接着说："这是我和你们一样大时的照片。在我年少的时候，我也有着一个美好的梦想，那就是当生物学家。霸王龙、梁龙、三角龙……我对恐龙世界充满了好奇，想一探究竟。但是'文化大革命'粉碎了我的梦想。"

"后来我做了教师。我想，做教师其实真的蛮好的。我们可以和学生一起学习，一起成长。这是一张当年的老照片——"我出示了一张照片，"你看当年的教室课桌简陋，墙壁斑驳。就在这样的条件下，我和学生一起实现了梦的起航。"

"我想，在学校工作中，班会课对学生成长也很重要。我和学生一起设计、开展了许多精彩的活动，通过班会课来启动，来推进，来总结。你们看这张照片——"我又出示了一张照片，"全班同学行动起来，自定菜谱，自己买菜，自己烧饭。每个小组还热情地邀请一位科任老师共进晚餐。"

"我记得当时同学们热情地把鱼头夹给我。他们兴奋地说：'你是我们班级的头，我们请你吃鱼头。'"我笑着说，"等我品尝鱼头时，惊讶地发现味道竟有点苦涩，原来是鱼胆被搞破了，但是我依然非常高兴，因为学生在劳动中、在自主活动中成长了。"

"我做教师已做了30多年。30多年来，我和学生们一起对班会课做了比较多的研究，我要告诉同学们，一件事情，努力去做，就可以做得非常棒。'打造魅力班会课'如今已成为很多学校、很多老师共同的追求。而'打造魅力微班会'，成了我们新的研究课题。今天，我和我的团队已先后出了 26 本书，和全国的班主任老师一起来思考如何做好德育工作。我要告诉大家，为梦想而努力，梦想就会开花。"我热情地和同学们分享。

"在我们团队里，我们鼓励老师们勇于描绘自己明天的梦想，为梦想而打拼。这是古华中学一位年轻的班主任的名片——"我投影出一张名片，"名片上红色的字是她明天的梦想，'区优秀班主任''中学高级教师'，荣誉称号和职称反映了她对工作成绩的期待。"同学们好奇地看着投影，思考着其中的含义。

"同学们，名片是今天社会交往的重要工具。这位老师的名片反映了她对未来的期待，反映了她的追求。亮出你的名片来——"我说着布置起作业，"今天我要布置一项作业，请你们用心制作一张个性化的名片。现在我把老师的那个名片作了简化：工作单位，做什么，是职业理想；荣誉称号、职称，是事业理想，是你明天发展的前景。"

"这样的作业能做好吗？"我问道。

"能！"同学们大声回答。

"好！"我赞许地点了点头，说道，"这里要说明的是，将来有些同学的职业理想也许会有改变。这是很正常的。但对事业理想的追求应该是坚定的。我们做一件事，就一定要把它做好，这将成为我们的行动指南。在美好梦想的指引下，让我们载着梦想起航！"

23.让桌椅也有"秩序"

山东省泰安市泰山实验中学　张　淼

　　课间操后，我走进班里，眼前的一幕让我很吃惊——被值日生排列得整齐有序的桌椅，已经"横看成岭侧成峰"了。课间休息时，孩子们出入次数多，加之有同学闹着玩，所以桌椅不整齐也就不足为怪了。如何让这些桌椅保持整齐有序，为学生创造一个良好的学习环境呢？

　　带着这个问题，班会课上我问道："同学们，请大家看看我们的桌椅，乱成什么样子了？"课间操后到现在桌椅一直乱着。

　　"老师，刘明一下课就往外跑，把我的椅子碰倒了。"

　　"李晓华和张乐下课就凑一块，把桌椅都弄歪了。"

　　"老师，到底和谁对齐啊？"

　　同学们七嘴八舌地嚷着。

　　"好，既然这么多问题，咱们就想办法解决一下吧！"我说道。

　　"把好动的同学绑起来！"一位同学提出了"高见"。

　　"那可不行，下课还能不让动了！"

　　"谁弄乱的就罚他整理全班的桌椅！"

　　"不合理吧！"

　　还没有想出办法，就打起了嘴仗。班长侯伟月忍不住了，大声说："少打嘴仗，找点可行的办法好不好？"

　　"我认为，一定要让桌椅有个固定的参照物，这样就容易排整齐了。"刘明先想出了一条。那具体怎么找参照物，怎么操作呢？我顺势让他们小组商量，拿出可行的方案。同学们天上地下地找，前后左右地看，热火朝天地讨论确定参照物的办法。

看着有的组有点眉目了，我叫停讨论："哪组有办法了？找个代表说说！"

"我们组认为，班里铺着地板砖，先大体找到教室的中心对称轴在哪里，中轴线位于中间一列两个同学桌子之间就行。其他的桌子与中间的对齐就好了！"

"我补充一下，"卫生委员李光照说，"一定注意不要让中轴线在两张桌子中间，因为桌面延伸出了几厘米，大家把握不准，几厘米的误差，就会造成两张桌子偏左或偏右，从前面看就不整齐了！右边那一列同学的两条桌腿压在中轴线上，左边同学的桌子与他们的桌子靠紧，就可实现中间列桌子从两边看都在一条线上，这样桌椅就会非常整齐。"

"听明白了吗？马上实践一下吧！"我提议道。中间两排同学行动起来，果真效果不错，接下来留足走道，以中间桌椅为参照物，两边的桌椅也比较轻松地排整齐了。

看着他们得意地欣赏着排列整齐的桌椅，我想孩子们每时每刻都在动：上课回答问题起立坐下，要动；小组讨论问题前后位组合，要动；橡皮、本子或笔掉到地上，孩子捡拾，要动。这些情形都会引起桌椅错位，如何解决这个问题呢？我接着问道："排整齐了，还能不让大家动了吗？"

"肯定不行，保持最重要！"刘明的反应挺快。

"你能保持吗？"不少同学冲他质问道。

班里的气氛一下子严肃了许多，为了给刘明找台阶下，我赶忙说道："大家想想办法。"

这次刘明最先发言："我认为最好的办法，就是让第一排的同学当小组长，两节课检查一次。因为第一排的同学相对个子小，桌椅移动几率相对小，也更容易找到参照物及时调整；更重要的是第一排同学方便检查，一下课，看到自己桌子摆放没问题，站到桌子前方往后看，对桌子摆放不整齐的同学喊一声，相应同学一调整，就完成任务了！"

班长侯伟月接过他的话说道："刘明还真有办法，不过养成及时整理的好习惯最重要！老师，让刘明当管理第一排同学的组长行吗？"

"班长提议了，同学们看行吗？"

掌声在教室里响了起来，刘明成了管理第一排同学的组长。

在接下来的日子里，我们每天走进教室，看到的都是"列队"整齐的桌椅，即使偶有歪斜的情况，也有同学专门提醒。渐渐地，我再也不用为桌椅摆放劳心费力了。

摆放桌椅，看似是一件小事，但也给我带来了许多思考和感悟。在班级管理中，要充分相信学生，"师未必贤于弟子"，集思广益，让学生参与班级管理，实现"人人有事干"，有时学生的"锦囊妙计"会给我们带来意想不到的惊喜。

24. 追梦路上

上海市奉贤区古华中学　杨蓓蕾

"在《放飞梦想》的微班会上，老师布置了一项作业，请你们根据自己的梦想，用心设计一张个性化名片，现在大家都完成了这项作业，那么我们一起来交流一下。"班会课上，我拿着一叠学生们设计好的个性化名片，笑脸盈盈地说，"同学们做得都不错，我特别想与你们分享其中的五张名片。"

大家兴致勃勃地看着屏幕上显示出的个性化名片，私底下发出"嘻嘻"的笑声。

"瞿荣，想成为上海市光大律师事务所的刑事专职律师。"学生们齐刷刷看向瞿荣，她腼腆地笑着。

"谢望瑶，想要成为上海市司法局的主任法医。"

"哇哦，法医哎。"不知是谁，发出了一句赞叹。

"刘婷，想要成为成都飞机设计研究所的高级工程师。"我顿了顿，"这个梦想蛮特别的，我想问问刘婷，你为什么想要研究飞机呢？"

刘婷站起来，红着脸说："飞机给人带来了方便，我想研究出更安全的飞机，让人们乘坐更放心。"

"你真棒，这个梦想很伟大。"我朝她竖起大拇指。

"吴亦萌，想要成为上海民族乐团的古筝演奏家。"我朝她点点头，她热爱古筝，为之付出的努力，大家都看在眼里。

"夏祯，想要成为上海市奉贤区古华中学的高级数学教师。"我看向他，"夏祯，我想问一问，奉贤区的学校那么多，你为什么要选择我们古华中学呢？"

夏祯一脸认真地回答："我妈妈也曾就读于古华中学，她在我很小的时候就经常夸赞古华中学，让我很向往。现在我也在古华中学学习，我也很喜欢这所学校。"

"很深的古中情结。谢谢你和你妈妈对我们古中的肯定。"我非常感动地说，"从你们的个性化名片中，我感受到了你们对未来有着美好的憧憬，也有了明确的目标。但我们都知道，梦想不是伸手就能抓到的，要付出努力和行动才会取得成功。作为初中生，在追梦的路上，我们要为完成梦想而去努力打拼。"

同学们认同地点了点头。

我追问道："为了实现梦想，我们需要做哪些努力？"

思考片刻后，夏祯举起了手："我要好好学习，因为我的梦想是当数学老师，所以特别要学好数学。"

屠昕祎回答："我也要好好学习，同时要锻炼好自己的身体。"

我点点头说："说得都非常好，你们要根据自己的梦想，针对职业的要求，思考在追梦路上需要付出的努力，特别是今天就需要有意作好的准备。现在，我以教师为例，看看成为教师需要付出哪些努力。要成为教师，首先要拥有师范院校毕业证书、非师范院校毕业的要通过教师资格考试。那么，从初中到师范院校，我们还需要哪一步呢？请大家大声告诉我。"

学生们齐声回答："高中！"

"非常好。要进入师范院校，我们必须考上高中。"我满意地看着他们，继续说道，"要考上心仪的高中，我们必须努力地学习。今年我们国家颁布了《关于全面深入新时代教师队伍建设改革的意见》，将进一步加强师范学校建设。要进入师范院校，需要我们有充足的知识储备，需要我们在初中、在高中夯实基础，以出色的成绩进入师范院校。"

学生们认真地聆听着。

"我们再往下看，要成为教师，还需要具有较强的管理能力，因为无论是科任老师还是班主任，都需要组织开展教育教学活动。那么，作为学生，我们怎么来有意培养和提升自己的管理能力呢？"

　　稍作沉默后，叶倚宏站起来，回答说："在自习课上要管好自己。"余圣年也举起手："雏鹰假日小队活动时，要组织好纪律。"

　　我竖起大拇指："说得很好。能力是需要培养，需要锻炼的。其实生活中有很多锻炼管理能力的机会。比如课代表，比如小组长，比如班干部，每位同学要积极参与管理，在管理中动脑筋，想办法，做好工作，就是最好的锻炼。同时，每学期班级和学校都会有很多的活动，大家都要积极参加。我特别主张你们要积极参加社团活动，并争取当社团负责人，学习如何筹划活动，如何形成特色，如何富有成效。虽然会遭遇不少困难，但每一次挫折的化解都是成长和进步。"

　　学生们点点头。

　　"最后，老师想说，做教师特别要拥有一颗仁爱之心。面对性格不同、发展不同的学生，教师要用博爱的心来关心他们，容纳他们。那么，我们又该如何来拥有这份仁爱之心呢？"

　　朱洁说："要乐于帮助他人。"唐喆宇说："要学会宽容。"

　　我赞同道："其实爱心也是来自生活的。在学校，我们要尊敬师长、友爱同学，在家里，我们要孝顺长辈。我们要多参加一些公益活动，比如志愿活动、爱心捐赠活动等。每个寒暑假，我们都有雏鹰假日小队活动，去敬老院看望孤寡老人，去阳光之家当义工等。"

　　我微笑着注视着他们："其实老师想说的是，证书、能力、爱心，这三点不仅适用于未来教师岗位的准备，也适用于未来许多岗位的准备，是我们今天必须夯实的基础。在成百上千的职业中，你选择了自己喜欢的职业，就要为了实现这个梦想而努力。在追梦路上，我们要用实际行动来努力完善自己。"

　　"古今中外，许多名人曾写下关于梦想的名言，今天，与同学们分享两句。"

一个人要实现自己的梦想，最重要的是要具备以下两个条件：勇气和行动。

——苏格拉底

　　凡事以理想为因，实行为果。

——鲁迅

　　学生们齐声读完后，我总结道："同学们，追梦路上，我们要明确努力的方向，千万不要做思想上的巨人，行动上的矮子，要用实际行动去实现你的梦想。希望同学们在追梦路上，不忘初心，砥砺前行。"

25. 谁偷走了我们的表扬

重庆外国语学校　蒋德勇

上午做操未被表扬，孩子们私下已经议论开了。然和喆也找过我多次，吵着要代表全班找评分老师理论，被我阻止了。前几天我们班课间操有点问题，今天做操时，我特意拍照了，虽然大家很努力，但还是有不足之处，得让孩子们正视自身的问题。

晚上自修课时，我走进教室，孩子们已经开始自习。我打断了大家："我为课间操而来！"

听了这话，孩子们七嘴八舌地说："就是，本来就不公平！""这样评比，今后的课间操努力做了，也没意思……"

先让孩子们发泄一下吧。上午宣布结果，虽然觉得不公平，但孩子们没有当场质疑，情绪一直压抑着。我没有对孩子们的话给予评论，只是打开电脑，接好投影仪。

"孩子们，在对今天的课间操进行评论前，请大家先看一组照片。"

播放 PPT，照片记录的是孩子们集合的场景。的确，刚到操场队伍是整齐的，看着照片，孩子们很得意。

"看嘛，我们哪里乱了？这不明显是冤枉吗？"喆说。

我还是没置评。孩子们继续看照片，快到做操时间了，队伍中部有几个孩子前后转动身子。再看喆，他红着脸，低下了头。我按下了暂停键。

"孩子们，你们还坚持原来的观点吗？我们是否保持了一贯的整齐？"

教室里一片安静。我想，大家心中都有了答案。

"孩子们，有人认为评分老师不公平，看过自己的表现，自己还是那个被冤枉的人吗？"

"老师，是我们没做好！"嘉艺说。

"敢于承认，态度值得肯定！"接过嘉艺的话，我继续说，"的确，看集合的前半段时间，大家做得很好，可能你们关注的也是这段时间。但，评价是从整体看，正如你们看到的，后半段有个别同学影响了整体。评分老师没有冤枉我们。"

问题还是出在我们身上。这就是事实。孩子们像泄气的皮球，没底气反驳我的话。但不得不承认，比起前几天，真的有进步。只是质量还要提高，我们要展示全新的集合面貌。

我清了清嗓子："孩子们，老师有话要说！"

所有人背挺直了，竖着耳朵，等着我开口。

"第二节下课，大家没有丝毫懈怠，铆足了劲，只为来得更早。你们心中装着班级荣誉，这是让老师非常感动的。你们把班级荣誉扛在肩上，这一切老师都看在眼里。老师之前一直批评大家消极、散漫，但最近的集合质量一直在提升，我相信大家尽了力，就对得起 30 班这个名字。我们把今天的事看作插曲，它不会中断我们证明自己的努力，明天我们会背挺得更直，队伍站得更齐，因为我们有一个共同的名字——30 班。"

听到我有些激动、动情的讲话，不知是谁第一个鼓掌，跟着是一片掌声。这掌声不是为我而响，而是为明天 30 班更好的表态。

"老师还要表扬你们！"我示意掌声停下，孩子们有些莫名，队伍没站好，表扬本就勉强，还有什么值得表扬的？

"孩子们，我知道你们有疑惑，这都写在脸上。不要紧，听老师解释。"孩子们听得更加专注。

"在认为受到不公正对待时，你们控制住了情绪，没有公开鸣不平来博得别人的同情和认可，这是一种成长。"

"老师，你教过我们，有问题，私下提出。"班长悦怡说。"就是，老师，我们懂得分寸。"然接过话题。

我高兴于孩子们的善良，更高兴于他们善于倾听，把之前老师指导过的话记在心上。

　　"不久前，我向你们提出了班级建设的奋斗目标——打造品牌班级！很高兴这一提法得到你们的认同。你们认可'人无我有，人有我精'的班级建设标准。眼下，打造集合与做操品牌是重要途径。你们努力践行，就这一点，老师敢断定，30班的未来可期！"我稍作停顿，转变了话风，"但是，正如大家前面看到的那样，我们存在问题，还需要提升。"

　　孩子们点头。

　　"今天还有其他班做得很好。"上午照相的时候，我还有意拍了做得好的班级。看着其他班整齐的队列，做操整齐的动作，孩子们被震撼了。真是不比不知道，一比吓一跳。

　　"有差距，我们得承认；有差距，就找到了方向。我们没做好的，其他班做好了，我们没有达到的高度，其他班达到了。这说明，要做好也不难。我相信大家刚开始的改变不是终点。"我最后作了总结。

　　然和喆起身走向讲台，代表全班表态：一定继续把班级荣誉扛在肩上，努力提升集合与做操质量。

　　很感动于孩子的行动能力，后来，队伍集合质量上了台阶，做操质量也不断提升。

26. 学做时间小主人

上海市奉贤区古华中学　吴丰洪

早自习的下课铃响了，伴随着同学们的"老师再见"，我拿起课本准备走出教室。忽然发现，刚才课上还蛮活跃的几个学生，瞬间像泄了气的皮球一般，伏在桌子上打起瞌睡。

我诧异地问："早自习结束啦，你们怎么这么困？昨天没睡好吗？"

"老师，昨天睡得晚，时间不够用啊。"

"那他们怎么那么精神啊？"我指了指另几个活蹦乱跳的学生。

"他们……"学生一时语塞。

刚进初中的孩子，怎样学会做时间的主人呢？我决定给学生们上一节微班会。

班会课上，我首先让学生猜谜语："一寸光阴照门里，打一个词语。"

同学们抓耳挠腮，一时没猜出。不过，很快小蔡同学说出了答案："时间。"

"正确，是时间。"我打开课件说，"同学们，说起时间这个话题，真是老生常谈了。但如何利用好时间，可是大有学问的。进入初中，同学们感到不适应，总感觉时间不够用。你们有没有想过该怎样用好时间？"不少同学低下了头，班级里很安静。

我继续说："同学们，你们知道一分钟能做什么吗？"

"一分钟，我可以喝口水。""我可以写点作业。""一分钟，我也做不了什么呀。"……大家叽叽喳喳地说着。

我说："是呀，真要我们说出具体能做些什么，还真不容易。我这里有一些数据，你们看——"我打开课件，同学们和我一起读道：

一分钟可以朗读 200 字的短文。

一分钟可以跳绳 126 次，做仰卧起坐 30 多个。

一分钟 1 台先进的采摘机可摘西红柿 69 千克。

一分钟 1 台高速轮转印刷机可印报纸 1300 多张。

一分钟全球网络之间数据可传 63.98 万 GB。

一分钟可寄出 2.04 亿封电子邮件。

在读的过程中，我感到了同学们的惊讶，于是又说："一分钟如果有效利用，可以做这么多的事，那我们该如何合理利用自己的时间呢？今天我请来了大家的三个好朋友，那就是马小跳、唐飞和路曼曼，他们和我们一样刚进初中，最近也有许多烦恼，让我们一起来帮帮他们吧！"

我打开第一个情景思辨题：马小跳同学周末在家，有很多事情要做，做数学题、与同学聊天、背英语、背古文、运动、听音乐、玩手机游戏……他总是忙不过来。

我问道："我们该怎么帮助他？"

小黄的手高高举起。他说："我觉得，马小跳应该好好安排时间，先把作业做了，再去玩啊。"

大家纷纷表示赞同，我赞许地点点头："很好，我帮大家梳理一下，马小跳要学会统筹安排时间，把要做的事情全部看一遍，确定每件事的轻重缓急，根据重要程度对事情排序。"

但也有些同学还有点犹豫。于是我说："光说不练假把式，让我们来一次实战演练吧。老师手上有几块卡板，每块卡板上都有一件事：背英语、背古文、看电视、做数学题、玩手机游戏、听音乐、运动、与同学聊天、看课外书等。请同学们思考，该怎么安排，为什么？"

好几只小手都举起来，还有人喊着"我来，我来！"

我请小李上讲台来，她一边摆着卡板，一边说："做数学题、背英语、背古文要先做，因为这是最重要的，先完成。看课外书、听音乐可以一起做，然后再做运动，如果还有时间呢，就看看电视，聊聊天，玩玩游戏。"

我问同学们："大家赞同吗？这样安排合理吗？"

"合理！"同学们异口同声地说。但小诺站起来说："如果时间不多的话，聊天和玩游戏就不要了。"

"说得太好了，我们一定要明白，哪些事情有最高的优先级，哪些事情可以放在一起做，哪些事情可以放弃不做。我们这样先排序，再去做，就是统筹安排时间了，马小跳的苦恼就解决啦。接下来，我们看看唐飞的苦恼。"

唐飞的苦恼是要背的东西太多，没有时间。于是同学们一起寻找"零碎的"时间。晨起，等车，课间，就餐，排队，睡前，找一找，零碎时间还真不少。

路曼曼的苦恼是做作业比较磨蹭。我给孩子们讲了圣诞老人和他的助手包东西的故事，说明在同样的时间内各人对时间的利用是不一样的。于是，大家给路曼曼提出的建议是要提高单位时间的效率。

我趁热打铁地作了总结："今天，我们分享、学习了三个用时小妙招：统筹安排时间，利用零碎时间，提高单位时间的效率。时间是非常宝贵的。珍惜时间，合理安排时间，这样你就会成为时间的主人，让我们一起努力吧！"

27. 冬日的温暖

上海市奉贤区古华中学　朱丹红

"同学们，今天是几月几号啊？"班会课上，我笑吟吟地故意问。

学生们齐声回答："今天是 12 月 21 日。"

"那你们知道今天快到哪个节气了吗？"

许多同学一下子愣住了。

"同学们，明天就是冬至了。我们先来看一段关于冬至的视频。"

我打开视频，屏幕上出现有关冬至的介绍。冬至是我国农历中一个重要的节气，也是中华民族的一个传统节日。一分多钟的短视频介绍了冬至的起源、气候特点、民俗活动、传统饮食等内容。

"从视频中，你们了解到什么？"我问道。

小明说："冬至在每年的阳历 12 月 21 日至 23 日之间。"

小波说："冬至这一天是北半球全年中白天最短，夜晚最长的一天。"

小宇说："冬至这一天中国北方大部分地区吃饺子，南方吃汤圆。"

"同学们看得很仔细，课前我请几位同学找了几首关于冬至的诗，现在请他们来诵读。"

小伟声音洪亮地朗诵："请大家欣赏杜甫的诗《小至》：天时人事日相催，冬至阳生春又来。刺绣五纹添弱线，吹葭六琯动浮灰。岸容待腊将舒柳，山意冲寒欲放梅。云物不殊乡国异，教儿且覆掌中杯。"读完了诗句，小伟又作了简要的说明：这首诗写的是冬至前后的时令变化，不仅用刺绣添线写出了白昼将增长，还用河边柳树即将泛绿，山上梅花即将绽放，写出了冬天孕育春天的景象。诗的最后两句写作者由眼前景物唤起了对故乡的回忆。虽然身处他乡，但这里的景物与家乡的没有什么不同，诗人便让小儿斟上酒来，举杯痛饮，表达对家乡、对家人的思念。

"我今天朗诵的是关于冬至的现代诗。"小意朗诵道，"闻说今日太阳走到至南，今日至冷，今日至寒，今日夜至长。一如婴孩初生，一天天暖起来，一天天显出春花娇巧的模样。雪一直没下，那有什么关系。暮冬的雪正下在春节的檐前，几多祥瑞，几多喜庆。穿着花花绿绿羽绒的男女，已经不在乎冰霜雪冻，该浪漫的仍在月下浪漫，该多情的仍在路灯下凝眸。没有什么大事发生，电视、报纸和网络一如昨天，只是一碗母亲亲手包的饺子。冬至了，春天不远。"

"这首诗最打动你的是哪句？"我问道。

"只是一碗母亲亲手包的饺子。"许多同学大声说。

"寒冷的冬至吃水饺。吃一碗母亲亲手包的饺子。很有温度的诗。"

"踩着前人的脚印，走着先人的路，寻着祖父辈的根……"小岩的诵读把大家带入感伤的境界，原来冬至许多地方还有祭祖的习俗。

这时我问："冬至这天夜特别长，如何给这个寒冷的冬日一些温暖呢？"

全班同学一时你看我，我看你，有点愣住了。

"我想在这寒冷的冬日，美食可以带来温暖，运动也可以带来温暖，人们之间的问候更可以增添温暖。我给大家布置一个作业：给爷爷奶奶或外公外婆或自己想问候的长辈写一封冬至的问候信。让信捎上暖暖的问候。"说着，我打开课件，介绍起学长们写的问候信：

爷爷，您最近好吗？冬至就要到了，天气也逐渐变冷，您一定要注意多穿衣服，不要感冒了。平日里也不要太操劳，多休息。

张阿姨，冬至将临，天冷了，您要注意保暖。这几天也不用拖地了，因为楼面容易结冰，容易打滑。我们会注意楼道卫生的。您放心！

"问候信的字里行间，都让我们感受到冬日的温暖。这是老师布置的一项重要的作业，这些暖心的话，明天一定要送达。可以当面说，也可以通过电话、微信表达。"

　　10分钟的微班会很快结束了。我想，千年的民俗文化应该在我们口中、手中传承，代代相传。

28. 铭记历史，勿忘国耻

上海市奉贤区古华中学　陆晓平

12月13日是南京大屠杀死难者国家公祭日。作为班主任，我觉得这是一个非常好的教育契机，要利用这一契机，教育学生勿忘国耻，鼓励学生增强责任感，培养学生的爱国热情。

班会课上，我问孩子们："12月13日是个什么特殊的日子，你们知道吗？"

"南京大屠杀死难者国家公祭日。"孩子们异口同声地说。

"这是一个国家蒙难日。"我打出了日军在南京疯狂大屠杀的照片。一张张照片以铁的事实揭露着日寇的丧心病狂，控诉着日寇的惨无人道。

"看了这些照片，你的心情怎样？有什么想说的吗？"看着孩子们的眼神，我已经读出他们的悲伤，他们的愤怒。

"我的心情好难过，原来日本侵略军曾这样残忍地杀害我们的同胞。"庄茗斐说。

"我连多看一眼照片都不敢，好难过。"谈梦瑶低着头说。

郁晨阳气愤地说："日本鬼子真可恨！"

项俊杰说："当时中国落后，所以日本人才敢这么嚣张地侵略我国并杀害我们的同胞。"

"陆老师和大家一样，内心是非常沉重的。"我对孩子们说，"十四年抗战，我们终于取得了胜利。但这段历史我们要牢记。12月13日，我们国家在南京举行了国家公祭活动。"

说着，我播放了 2017 年 12 月 13 日习近平主席和南京各界民众参加南京大屠杀国家公祭日活动的短视频。

"同学们，你们知道我们国家为什么把 12 月 13 日设立为南京大屠杀死难者国家公祭日吗？"看着孩子们专注的眼神，我说，"为南京大屠杀死难者举行公祭仪式，是要唤起每一个善良的人们对和平的向往和坚守，而不是要延续仇恨。我们要以史为鉴、面向未来，共同为人类和平作出贡献。"

孩子们都点点头。

接着我又播放了前段时间非常火热的电影《战狼 2》中中国护照的场景。我提议孩子们为我们国家的强大鼓掌，然后引导孩子们思考：从这个视频中你得到了哪些启发，有怎样的感想？

陈思琦说："以前我们落后，所以被日本人欺负，现在我们祖国强大了，没有人敢随便欺负我们了。"

戴邵晴说："祖国是我们坚强的后盾，作为中国人，我很自豪。"

"同学们，你们说得很好，祖国现在越来越强大，那么作为中学生，我们能为祖国强大做些什么呢？"我又问道。

周明兴拍着胸脯大声说："我长大以后要当人民解放军，保家卫国。"

张嘉怡说："作为中学生，现在肯定是要好好学习，学习知识和本领，将来长大了才能成为一个对国家有贡献的人。"

"你们说得非常好。改革开放以来，我们国家迅速发展。但落后就要挨打，为了牢记历史，我想给大家郑重推荐一本书——《南京暴行》，这是华裔女作家张纯如用生命写的书。为什么说是用生命写的一本书？你读了这本书，读了这本书的有关介绍，就会清楚了。让我们擦亮历史的镜子，以史为鉴，走好未来的路。"

我的声音在教室里回荡，似警钟鸣响。

29. 寒假锻炼好处多

上海市奉贤区古华中学　姚吴斌

"窗外的雪可真大啊！"惊叹声一下子激起了眼前这群预初年级孩子的兴趣，急得他们翘起屁股，探出脖子，往窗外看。

"这么冷的天安排回家，我们待会儿回去要冻僵了。"站在窗边的俞佳诚小声嘀咕着。

"你穿那么多都怕冷，那齐东旭岂不是为了风度，连温度都不要了？"我的话把这群孩子的目光引向了一旁着轻薄装的齐东旭身上。

"学校晨跑，我穿这些还觉得热呢！"齐东旭显得很自得。

"大家都说说看，为什么会有如此大的差别？"刚才在办公室准备寒假工作布置时，作为班主任兼体育老师的我就想到体育锻炼的话题，现在正是天赐良机啊。

"我爸说过，冬季经常在户外锻炼，人体的御寒能力会越来越强，就能抵抗伤风感冒。"朱蝶艺自告奋勇地说。

"说得没错，如果你们能抓住寒假的机会多锻炼，可以更好地投入到新学期的学习生活中去。冬练三九，那我们寒假锻炼的时候应该注意哪些问题呢？"同学们陷入了思考。

"要做热身运动！"忽然从班级的几个角落喊出这个回答。

"不能太激烈。""要注意保暖。"两位男生先后补充道。

当大家还在抓耳挠腮时，班长站了起来说："要注意场地器材的安全，还要做放松运动。"

我竖起大拇指，给同学们点赞："大家说得都很好！确实，当感到身上开始微微出汗时，热身准备已经差不多了，在户外的话可以尝试小步慢跑等热身方式；刚上来运动不可以高负荷，以免损伤肌体；同时穿衣要有层次，休息时要添衣防止着凉；除此之外，还要注意场地是否结冰，器材是否损坏，安全第一。"

"那么在寒假哪些体育锻炼比较适合我们呢？接下来我请两位同学把自己的答案写在黑板上。"我刚说完，两个男生从座位上弹了起来，高高地举起了手。

"龚逸晟，杜阳！"他们听到自己的名字后，急速飞奔上来。

"跑步，打篮球，踢毽子，羽毛球，跳绳……"两人写了 15 个答案，同学们一一读出。

经过大家的投票筛选，跑步、跳绳、踢毽子成了我们班今年寒假的三大热门项目。

"既然有了小目标，那我们是不是应该付诸实际行动？现在，姚老师就给你们布置一项作业：制定一份寒假体育锻炼计划表。寒假里，没有老师帮助你们锻炼，你们必须按照计划进行，相信你们一定能感受到自己身心的变化。寒假体育锻炼不仅可以让我们身体强壮，而且可以培养我们坚韧的意志和顽强的品格，使我们身心健康。新学期开学后，让我们比比看，谁的收获多，谁的收获大，好不好？"

"好！"同学们大声回应。

30. 走进春天

——班级诗词微会

上海市奉贤区古华中学　杨蓓蕾

办公室里，听到同事们正在热烈讨论《中国诗词大会》，忽然，灵感一现，何不在班中也举办一场诗词微会呢？我匆匆作起了准备。

班会课上，我笑着问："同学们，你们看过《中国诗词大会》吗？"

"看过！"大家齐声回答。

"喜欢古诗词吗？"我又问道。

"喜欢！""不喜欢！"声音此起彼伏。对这样的回答，我并不感到意外。因为随着时代的发展、生活的变化，许多孩子对古诗词已感到陌生，但古诗词是中华文化的精华，值得传承啊。

"今天，我们来一场班级诗词微会比赛，好吗？"我再问道。同学们喜出望外，大声说好。

"你们互相学习，一显身手的机会来了。"我刚说完，有些调皮的男生便撸起袖子，跃跃欲试。

"第一环节，看图说诗。看图片，迅速说出最适合的诗句。回答时，声音要响亮，口齿要清晰。你们准备好了吗？"

"准备好了。"同学们齐声道。

屏幕上打出了一张瀑布图。夏祯一马当先："飞流直下三千尺，疑是银河落九天。"

"很好!"我夸奖道。

第二张是两张图合并为一张图,左边是两只黄鹂,右边是一排白鹭。蔡琪反应特快:"两个黄鹂鸣翠柳,一行白鹭上青天。"

"不错。"我投去赞许的目光,同时也瞥到有学生有失落的表情。

第三张是一只蜻蜓立在未开的荷花上。短暂的沉默后,陆嫣然说道:"小荷才露尖尖角,早有蜻蜓立上头。"

"哎呀,对啊。"一片懊恼之声。

第四张是一个人在登高望远。大家都在思索。

"我知道。"马宇航打破沉默,"会当凌绝顶,一览众山小。"

"好!"我点点头,放出最后一张,新绿的柳条纷纷垂下。竟然没人回答。我笑笑说:"'碧玉妆成一树高,万条垂下绿丝绦。'这是我们过几天早读课上要学的诗,今天先预热一下。"学生们笑了,大声地跟读了一遍。

"第二环节,选择有理。不能碰运气啊。选出正确答案并说明理由。"

"选A,春风又绿江南岸。"吴亦萌回答。

"为什么选'绿'呢?"我追问到。

"绿是绿色一片,显得春意盎然,写出了春天的蓬勃生机。"吴亦萌不愧是语文课代表,从容答道。

第二题一出,同学们就争先恐后地抢答。"千里莺啼绿映红,选D,'千里'写出了视野开阔,江南地域广阔。"叶倚宏还狡黠地一笑,"刚学过。"

第三题,余圣年抢到话语权:"我选C,红杏枝头春意闹,'闹',暗示枝头有小鸟在叫,喧闹,热闹。"

最后一题,吴迪回答:"长恨春归无觅处,选B,'觅'是寻找的意思。"

"作者笔下的春,像个孩子,很调皮,躲藏了起来,作者常常要寻觅,表达了惜春的心情。"我作了点补充,"第二环节,大家还是蛮投入的。"

"《中国诗词大会》中有一个吸引我们的精彩环节,叫'飞花令'。今天我们稍作改变，第三环节就叫'急令飞花'，全班分成两大组，快速说出一句含有'春'的诗句。"说着我将全班以中间为线分成两大组。

"春眠不觉晓。""二月春风似剪刀。""却疑春色在邻家。""当春乃发生。""谁家新燕啄春泥。"学生们一个紧接着一个回答，我微笑地看着他们，这些都是最近刚学的，还新鲜着。

渐渐地，站起来回答的学生越来越少。"春江水暖鸭先知。"谢望瑶回答道。之后学生们互看对方，似乎想从对方眼中找寻答案。屠昕祎缓缓站起，说了本环节最后一句诗："春色满园关不住。"

"还有吗？"我满眼笑意地问。

学生们纷纷摇头："没有了。""想不起来了。"

"同学们，"我顿了顿，"你们刚刚说到的诗句，除了耳熟能详的那几句，其余好像都是我们最近学的吧。"

学生们点点头。

"你们的诗词积累有待提高啊！"我用期待的目光看着大家，接着说道，"我们来看看《中国诗词大会》上选手们说'春'的表现吧。"我点开视频，播放《中国诗词大会》有关"春"的飞花令片段。两位选手胸有成竹，诗句如行云流水般脱口而出，你来我往，高潮迭起。学生们都惊呆了。

"同学们，看完这个视频，你们有什么感悟吗？"

问题一抛出，短暂的沉默后，班长叶倚宏率先发言："他们的诗词积累很丰富，我们太少了。""他们能不假思索地回答，速度很快。"瞿荣小声补充道。

"他们胸有成竹。""诵读诗句时，饱含深情。"……同学们你一言一语地说道。

"你们说得太好了！"我很欣喜地说，"同学们，古诗词是我们中华传统文化的瑰宝，我们不仅仅要学，还要熟读成诵；面对美景时，诗句脱口而出；抒写胸臆时，注意用字的推敲，感受古诗词的音韵美、意蕴美。"

"我们正处于人生的春天，要抓住美好的春光，认真地学习。'少年辛苦终身事，莫向光阴惰寸功。'"我动情地说，"珍惜机会，诵读经典，加强积累，收获美好的人生吧。"

　　学生们郑重地点点头，我看到了他们眼中闪烁着求知的光芒。

31. "一字千斤"须慎言

一个周四的下午，开完冗长的会议，我回到了办公室。刚刚坐下，想舒展下身躯，我猛然瞥见桌上有张小纸条。映入眼帘的首先是纸条上"撤职信"三字，我本能地先看了看作者，原来是我们班上的劳动委员田地所写。他要辞职，我不由得内心一怔。

我班上的这位劳动委员平时是个不苟言笑的男生，但他负责清洁卫生的工作却是格外认真踏实，深受我的倚重。我焦急地开始阅读他的独白，一探究竟。

> 王老师，我不想干了，请求撤掉我的劳动委员的职位。他们太不听话了，每天乱扔垃圾，我劝说他们也不听。安排他们做清洁，他们总是背后骂我，我压力太大了，受不了别人在后面指指点点，说我坏话。请您允许我不再当劳动委员。

读罢全文，我不由联想到这是我担任班主任以来第五个向我请辞的班干部了，以前班长、学习委员等都曾先后向我提交辞呈，后来在我的耐心引导下，他们还是继续承担着责任，并没有直接撂挑子。再反思他们请辞的原因，无一例外是背后同学的责难。那些言语犹如利刃深深刺痛了这些乐于为集体服务的同学的心，让他们逐渐失去了工作的积极性，甚至个别同学变得意志消沉、一蹶不振。如果放任事态这样发展下去，班干部将束手束脚，不敢也不愿为集体服务，更为严重的是班级将会变成一盘散沙。归根结底，问题就出在部分同学喜欢在背后说人长短。作为一个年轻班主任，我想了很久，终于想出一个有点冒险的办法来引导孩子们注意说话之道。

夕会课时，我说："我们初二（19）班这个班集体已经组建了一年有余了。今天我想做个小测验，大家觉得哪位同学对班集体贡献最大？哪位同学最让你讨厌？我们无记名投票，大家把自己认为对班级贡献最大的同学和最让你讨厌的同学的名字写在一张纸条上。如果你认为没有这样的同学，你就写上'无'。"

当我说完这番话，同学们面面相觑，并没有立即动笔。我接着说道："请你在写名字之前好好思考一下，你所写的这位同学真的是为班级任劳任怨、贡献最大吗？你写的这个同学真是一无是处，让你忍无可忍吗？请在下笔之前，先静静思考 30 秒再写。"

之后，有的闭目思考，有的一挥而就，有个最爱违纪的同学东张西望、异常慌张。我看大家基本都写完了，便马上要求他们把字条折好传上来。

我打开纸条之后，惊喜地发现绝大部分同学在最讨厌的人这一选项后面写的是"无"，而我最想看到贡献最大的同学"田地"的名字不断出现在我面前。因此，我立即信心满满地组织同学来唱票。

"田地，无；田地，无……"的声音回荡在教室里，统计的结果让我内心极为温暖，田地在班级 42 名同学的投票中共得了 20 票，得票最多。这个结果让我瞬间踏实下来，同时我懂得孩子其实也不是真的自私自利，他们的心也如明镜一般，明白是非曲直。不过，他们就算对某位同学内心认可，但仍会因为"鸡毛蒜皮"与他产生摩擦，特别是跟"领导者"之间更易产生不快，转而就以背后流言来抨击别人。

对于这种情况，我给孩子们准备了一个活动，题为"同样的话，不同的理解"。

我在 PPT 上展示了一句话："我没说他偷我钱。"这行字在屏幕上反复出现了七次，每次都有一个字依次被标红让同学用重音来读。我将全班同学分成七个组，每组各读一句。

第一组重音放在"我"上面。他们一读完，我就问："对这句话你们还能作何理解？"王钒宇说："这句话还可以理解为别人说过偷他钱。"二组重音在"没"字上，刚读完大家就七嘴八舌说这有"我确实没这么说"之意。三组重读"说"字，张佳佳指出有"虽然没说但有暗示过"之意。四组重读了"他"字，吕旻峪说："这是说还有别人偷钱的意思。"五组重读了"偷"字，这个字响彻全班时，很多同学都感觉不舒服，郑徐马上站起来说："不是'偷'，那有可能就是'拿'了。"他这句"戏言"引得大家哄堂大笑。等他们安静之后，六组重读"我"字，舒文俊说："没偷我的钱，那有可能是偷别人的钱。"第七组最后读完"钱"字，大家都明白了不是钱，那就是偷了别的东西了。

当七个小组完成重读后，我发现有的同学已恍然大悟，有的"后知后觉"者还在不停嘟囔。

我立即示意大家安静，然后说："通过朗读，大家有没有发现我们说的每句话都充满了变数。普通的一句话，短短的一行字，当我们说每个字的语调有丁点异样，它的意思就会南辕北辙。大家都知道古语'一字千金'，今天我想告诉大家的是另一个词语——'一字千斤'。我们每天都在口若悬河地与人交流，有时一字之失可能会如千斤压顶让人不能忍受，给对方的伤害可能是一辈子。我们要逐渐学会与人相处，要锤炼自己的说话之道。与同学交流一不能盛气凌人，二不能背后诋毁。古语有云，'静坐常思己过，闲谈莫论人非'，中国人最忌讳的就是在私下讲他人的坏话，对他人有意见要当面指出，因为你背后的每一个字都会如暗箭一般深深刺痛别人的心。请大家务必记住'一字千斤'须慎言。"

同学们听后都若有所思，相信他们已经明白了我的用意。

32. 学会赞美

上海市奉贤区古华中学　徐祖秀

美国心理学家威廉·詹姆斯指出："渴望被人赏识是人最基本的天性。"也有人说，赞美是一个人能让对方温暖却不会让自己破费的最佳礼物。然而，现今许多学生喜欢接受别人对自己的赞美，对他人却吝啬赞美之词。因此如何引导学生善于发现和赞美他人的美呢？在"玩中学，学中做"不失为一个好的方法。

于是，班会课上，我手捧一束玫瑰花走进了教室。一进教室，全班学生的目光都为我手上的玫瑰花所吸引，心想老师今天唱的是哪出戏。

"今天我们先来开个微班会，一起做一个小游戏——击鼓传花。"没等我说完，台下就起了一阵小欢呼，看来同学们还是蛮喜欢的。

"今天击鼓传花的游戏规则有点不同。击鼓声响起，开始传花，击鼓声停止，传花停止。花落到哪位同学手中，这位同学左手边的三个同学依次说出一个他（她）的优点，三个同学说的优点不要重复。"

同学们听罢，都跃跃欲试。

咚咚的击鼓声，好似吹响了战斗的号角，学生们抑制不住内心的兴奋，迅速把手中的玫瑰花传递给身边的同学。突然鼓声停止，第一位幸运地手持鲜花的学生是小D。小D是班上不太起眼的一名女生，成绩中等，言语不多，比较内向，跟班中大部分同学保持着一定的距离。

小D身边的小E缓缓地从座位上起身，看得出来，他正在思考如何赞美小D。

为了多给他留出一些思考的时间，我便对同学们说："法国著名雕塑家罗丹说过：'生活中从不缺少美，而是缺少发现美的眼睛。'任何地方都有美，随手把垃圾扔进垃圾箱，送没带伞的同学回家，帮老师做力所能及的小事……这些都是美！"

　　小 E 若有所悟，急切地说道："小 D 对值日生工作认真负责，完成自己的扫地任务后，还帮助其他同学排桌椅。"

　　"小 D 尊敬师长，每次看到老师都行礼问好。"

　　"小 D 节约用水，看到厕所里水龙头没关好，会上前关掉。"

　　听着同学们对她赞美的话，小 D 的脸上泛起红晕，有些不好意思。

　　我点头表示赞同："同学们，我们应该学会努力发现和夸奖他人的闪光点。同是一棵树，有的人看到的是满树的郁郁葱葱；而有的人却只看到树叶上的毛毛虫。为什么同一事物，会产生两种截然不同的看法呢？关键在于观察点不同，在于心态不同。"

　　鼓声又响起，游戏继续。同学们你夸夸我，我夸夸你，非常开心。几轮下来，这次手持鲜花的学生是小 W。看到是小 W，班中的同学们都忍不住窃笑。小 W 左边的三位同学面露难色，看向我求助。我明白他们眼神中透露出的信息。小 W 上学经常迟到，课堂上不认真听讲，趴在桌子上睡觉，成绩不理想，放学后值日生工作没完成就逃回家了。家长调查问卷中问：你认为你的孩子有什么优点？小 W 的妈妈竟写了"无"。

　　离小 W 最近的小 A 站起来，抓耳挠腮，半天就吐出"嗯……嗯……让我想想"。

　　"老师相信你有一双慧眼，一定会发现小 W 的美。"我鼓励道。

　　小 A 看了小 W 好一会儿，转过脸看着我，勉强地说道："小 W 脾气挺好，不怎么生气。"

　　"你发现了小 W 的美，说得不错。但如果你看着小 W 的眼睛，说得更具体点，相信你的赞美一定会产生意想不到的效果。"

　　小 A 顿了顿，面向小 W，看着小 W 的眼睛，郑重地说："小 W，脾气挺好，有时同学们嘲笑你，你也不生气，一笑而过。"

小 W 听着，眼睛犹如黑夜里的明灯一般，亮了一下。

接着轮到小 B，他略加思索，有点狡黠地说道："小 W 是护花使者，天天为班中的盆栽浇水。"

全班同学哄然大笑。说"天天"显然有点过了。

"的确，小 W 还是蛮关心班级盆栽的。"我接过话头，"虽说不上天天，但也是有的。我们在称赞同学时，要做到准确、恰当、实事求是。诚恳的眼神，准确的语言，热情的表达，都是巧嘴的表现。"

"小 W 离开教室前能做到关灯、关电扇。"小 C 站起来说道。

同学们听了，纷纷点头，表示赞同。

小 W 原本低着的头，慢慢抬起来，露出自信的目光。

"同学们，不管是在生活中，还是在学习中，我们都需要赞美。所以，请不要吝惜你的赞美，很多时候，它比严厉的批评更有用。其实，学会赞美很简单。记住：我有一双慧眼，我会发现你的美；我有一张巧嘴，我会说出你的美。"

鼓点跳跃，玫瑰传递，欢声笑语不断。

活动很快结束了，我手捧玫瑰作了总结："赠人玫瑰，手留余香。让我们学会赞美，携手前进吧！"

33. 一张被撕碎的朗诵稿

上海新纪元（重庆）学校　黄　波

还有几天就是千人诵了，踏着远处传来的晚读声，我在教学楼道转角处，理理发丝，整整衣装，调调呼吸，准备进班。

谁知我走进了教室，听到的却是嚷嚷声。唉，应该是朗诵"美哉，我新纪元少年，弘德致远"的声音啊。发生什么事了？

"10、9、8……1、0"，整整10秒，孩子们见着我，却用了10秒时间才安静下来。要知道，往常孩子们和我只要对上一眼，便会迅速安静下来。

两分钟后，我终于明白了"嚷嚷"的原委：小霖撕了小浩的朗诵稿。

小霖，聒噪而冲动；小浩，安静而倔强。这两人相撞，那就是针尖对麦芒。

看着一地的纸屑，我愣了：这纸呀，撕得可真有技术含量，每一张差不多都是1厘米见方，此刻撒满了讲台。

"元芳，这件事情你怎么看？"这一刻，我只想到了这一句话。

怎么办？是用庄子与卢梭的自然教育，还是用陶行知的"爱的教育"？是相信"性相近，习相远"，还是相信杜威的"教育即生长"，给孩子一个成长的机会？

刹那间，我开口问道："小雨，这件事情你看怎么办？"

"老师，把我的这张给小浩吧，我已经背熟了。"

"小衡，这件事情你看怎么办？"

"老师，让小霖手抄，然后把自己的给小浩。"

"小凡，这件事情你看怎么办？"

"老师，既然做错了事就应该承担责任，他们俩都有错，就合做今天的卫生吧。"

"小航，这件事情你看怎么办？"

"老师，你那儿不是还多几张吗，先给小浩一张吧。"

哈哈，意见还不一致。我在黑板上写下孩子们先后提出的五种意见：

A.我的给小浩。

B.小霖罚抄一份。

C.合做卫生。

D.拿多出来的给小浩。

E.其他。

小潘说了"其他"。但其他是什么，他一时没想好。好的，可以有其他。

不过我让学生们在这五种意见中进行选择，表明赞成哪一种。结果，全班37位学生中，选择A、B、C、D、E项的分别有3人、14人、13人、3人和4人。

接下来，我开始向学生提问：为什么这样考虑？

选A的孩子：他们犯错了，心里本来就不好受，这个时候需要安慰，把自己的给小浩，暖心。

选B的孩子：罚抄一份，才能认识到自己的错误。

选C的孩子：适当的惩罚可以纠正犯错之人的行为习惯。

选D的孩子：既保护了他们的自尊心，又解决了问题。

接下来，我让孩子们讨论每一个选项背后可能存在的问题。一番讨论之后，大家有了这样的认识：

A方案：可能纵容犯错，下一次可能还会"撕纸"。

B方案：只是惩罚了小霖。

C方案：合做清洁，会增加他们的怨气。

D 方案：最不负责的推脱，不是每次都有多余。

"选 E 的同学，你们的主张是什么？"

这时，一位选 E 的孩子说道："老师，我想能不能把这撕碎的纸重新粘起来。"

重新粘起来？

一阵沉默后，我带头鼓掌，全班响起了掌声。

讲台上有胶水，一位同学送上白纸。于是，小霖负责粘，小浩则当小霖的助手，班上还有几个孩子做起帮手，捡拾地上的碎片。很快，撕碎的纸张就被粘好了。不过有个新的问题：有的粘错了，有的纸片找不到了。

怎么办？重来？

我想了想，接过这张重新粘好的纸，纸片虽不完美，却显得结实，我看了看小霖和小浩，他俩脸上已没有紧绷的神情。

"不必把粘错的碎片撕下来。撕下来，会对那碎片造成二次毁坏。有的碎片找不到了，真遗憾。"我作沉思状，"想想看，这碎片虽然不是在最好的位置，但还在纸上。我们是同学，有人可能不是最好的朋友，但在生活中，学会尊重他人、宽容他人很重要。为了一点小事，大动干戈，撕纸，争吵，实在没有必要。今天老师在这里故意小题大做，希望全班同学能记住这件事。我们的千人诵要传承的是中华美德。像'融四岁，能让梨'这样的故事大家早已烂熟于心，但真正做到不容易，希望这张重新粘好的朗诵稿能提醒我们……"

一番话后，教室里又响起了琅琅的诵读之声。

34. 让他静静

重庆市中山外国语学校　向玉洁

演讲比赛结束了。在回教室的路上，我走在前面，隐约听到班上两个女生在后面不停安慰很是失落的陈俊元，因为这次演讲比赛他只拿到了第三名，与他最初的目标相去甚远。其实他演讲结束刚走下台的时候，我就已经看出来他的失落了，然而我选择了沉默。

回到教室后，陈俊元径直走向了自己的课桌，趴在上面，埋下了头，一言不发。见我走进教室，有同学向我示意，让我去安慰安慰他，我只当没看见，仍是什么都没说。

第二天的班会课上，当我走进教室，看见陈俊元早已和同学有说有笑。我想，这时候可以谈谈昨天那件事了。

"同学们，老师昨天晚上看了一个故事，想分享给大家，你们想听吗？"我笑着说道。

听到我要讲故事，同学们立刻来了精神，睁大了眼睛盯着我。于是，我讲起了故事：

约翰是个农民，但他的土地很贫瘠，多年来，他一直不曾有过丰收。有一天，他对着上帝说道："如果上帝让我来掌控天气，那么一切都会好起来的。"

"好吧，我就给你一年时间，"上帝说道，"这一年所有的天气都交由你来掌管，我们看看到时候你会有什么样的收成。"

听到这儿，约翰马上叫道："大晴天！"于是所有的乌云瞬间散去。他非常满意，然后又喊道："下雨吧！"天空刹那间布满了乌云，不一会儿，大雨倾盆而下。

看着种子一天天长成了庄稼，约翰感到很满意。很快，收获的季节就来了。他来到田地里准备收割，却发现即使是看起来最强壮的庄稼也没长出一颗谷粒来。他感到非常困惑，忍不住哭了起来。上帝又一次听到了，他问约翰："知道为什么还是没有得到你想要的丰收吗？"

"我不知道。"约翰沮丧地回答道。

上帝说："这是因为你从来没有要过风、风暴、雪和冰，或者任何能够让空气变得新鲜让根变得强壮的东西。没有强劲的根，庄稼当然结不出你想要的果实了。"

故事讲到这里，我抛出了一个问题："同学们，从这个故事里面，我们能学到什么？"大家伙儿你瞧瞧我，我看看你，一会儿有人举起了手。刘宏志说道："什么事情都一帆风顺，毫无波折，未必是件好事。"

"想要获得成功，经历一些挫折是必不可少的。"张晓月也举手回答道。

……

听到同学们你一言我一语发表着自己的观点，我笑着点了点头："冰心曾留下过'成功的花儿，人们只惊羡她现时的明艳，然而当初她的芽儿，浸透了奋斗的泪泉，洒遍了牺牲的血雨'这样的句子。同学们，我们每个人都希望未来的路一帆风顺，但漫漫人生路，怎么可能一点儿波折都没有呢？其实，当我们回首来看自己走过的路，我们会发现，经历过的挫折往往更能教会我们成长。"

听到我这么说，同学们大概明白了我是在说昨晚的事。

我接着说道："昨天晚上老师很高兴，因为看到咱们班的同学团结、宽容和友善。昨晚演讲比赛结束后，在回教室的路上，我听到有同学一直在安慰陈俊元，这种比赛本来事关班集体的荣誉，你们不仅没有出言责怪、奚落，反而对他好言安慰，老师很开心。有同学向我示意，让我去安慰安慰陈俊元，我没有这么做。因为在我看来，与其安慰，不如给他一点时间去冷静想想，为什么会是这样的结果，应该要怎么样才能做得更好。更何况，我们每个人在生活和学习中都难免会遇到一些挫折，我希望我的学生能正确面对这些不如意，不自怨自艾，更不会轻易被打败。"

听了我这一番话，同学们若有所思，再看看陈俊元，脸上挂起了一丝腼腆的微笑，再不见昨日的乌云。

35. 坚持梦想

上海市奉贤区古华中学　吴丰洪

"同学们，老师最近看到一张图片很是感动，想和你们分享一下。"我笑着打出一张图片，"前段时间，国家主席习近平考察海南，在海南杂交水稻培育基地，有一位长者一直陪同，大家看，他是谁？"

"袁隆平！"同学们异口同声地说。

"对的，是袁隆平院士。说起他，大家都有所耳闻，袁隆平被誉为'杂交水稻之父'，他在研究杂交水稻上的成就非常大。那么他为什么会取得如此大的成功呢？请大家观看袁隆平院士的生平故事，相信会给你们启发。"

投影上播放袁隆平院士的故事图片。袁隆平年轻时就有个"禾下乘凉梦"，并为之坚持不懈地努力。60年代、70年代、80年代、90年代、新世纪，袁隆平一步一个脚印，坚持不懈，屡创佳绩。

图片播放完，我说："大家观看得很认真，那么请你思考：袁隆平院士为什么能获得成功？"

张以诺说："袁隆平的成功在于他一生都在研究。"

黄贤中说："就是坚持梦想，一心一意。"

朱哲琪朗声道："袁隆平很值得我们学习，他一生都坚持自己的梦想，并为之努力。"

李畅也说道："袁隆平一辈子在努力做好一件事，持之以恒的精神很伟大。"

"大家说得很好。"我说，"老师为你们总结一下，袁隆平院士为什么能获得成功，原因很多，其中很重要的一点是坚持不懈。袁隆平院士的梦想是让亿万人民都吃上饭，这样的梦想是伟大的，也是有难度的，但是他却用一生来坚持，来实现。还记得在我们之前的班会课上，大家也展示了自己缤纷的梦想，那时的你们，对梦想是那么憧憬，那么向往。请问现在的你们，是否在实现梦想的路上有所松懈了呢？"

课堂又安静下来，但很快黄贤中就举起了手。他说："我现在上课容易走神，自己也没有控制。"

我笑着说："你很棒，敢于第一个站起来说自己的不足之处，是勇敢的孩子！"

其他同学按捺不住了，纷纷举手发言。

"老师，我作业总是应付，成绩老上不去。"

"我每一次下定决心好好学习，但遇到困难就泄气了。"

"我上课常打瞌睡是因为我晚上玩手机，打游戏……"

……

"同学们敢于直面自己，反省自己，这是好事情，我们只有勇敢地认清现状，才会重整旗鼓。那么我们来想一想，应该如何坚持梦想呢？"我又问大家。

一直没有发言的张怡毅说："要坚持，不能轻易放弃。"

滕志涛涨红了脸，站了起来说："我要远离手机，从头开始。"

王思源小声地说："我要给自己每天定一个小目标，坚持达到，积少成多。"他刚说完，大家都笑了起来。这个小目标有意思。

李瑶接着说："我要从小事做起，珍惜学习时间，不急不躁。"

"同学们说得很好。要坚持梦想，我想强调三点：（1）明确目标，牢记自己的梦想。袁隆平院士就是常想着"禾下乘凉梦"。（2）改进方法。在实现梦想的路上，怎样做才能成功，要尝试改进方法。学习的路上，我们肯定会遇到困难，面对困难，我们要动脑筋，想办法，总结经验，不断改进。（3）持之以恒。最重要的是，我们要相信自己，坚持梦想，不怕困难和失败，持之以恒。"

同学们默默地听着，眼神里多了几分坚定。

我趁机告诉孩子们："说到坚持，我们班主任工作室团队，也在坚持做一件事。在讨论设计本课时，工作室导师丁老师提议给袁隆平院士写一封信，希望能得到袁隆平院士的亲笔题词，让我们聆听袁隆平院士的教诲，给大家以鼓励和支持，来传承他的精神。于是我开始了行动。但一段时间的努力后并没有结果。非常感谢丁老师，他积极地帮助我，想办法，出主意，查资料，打电话，发邮件，不断努力，坚持不懈，终于在4月25日，我们收到了袁隆平院士的题词。"说到这里，我用投影播放了工作室寄出的信件、微信联系的截图，最后当袁隆平院士的题词"坚持梦想，不懈追求"出现在大屏幕上时，学生们情不自禁地鼓掌。我知道，这是对他们最好的鼓励！

"我想这是袁隆平院士对我们古华中学师生的勉励，也是对全国中小学师生的勉励。我们将牢记袁隆平院士的嘱托，坚持梦想，不懈追求！"我非常激动地和同学们共勉，"同学们，梦想是美好的，也是遥远的，但是我们要勇敢追梦。在实现梦想的路上，我们要明确努力目标，改进方法，坚持不懈。让我们继续携手前行！"

36. 有话好好说

山西省太原市第三十八中学校　曹立荣

一天早上，我班的小赵同学未穿校服裤子，因学校规定到校要穿校服，我便问他："怎么没有穿校服裤子？"没想到小赵居然冷冷答道："我不愿意穿。"言语间充满不屑。顿时，我感觉老师的尊严受到极大的挑战，但还是压住了愤怒，没有和他继续交谈。

想起总有家长反映孩子在家"说不得"，尤其是在家长想了解他的在校情况时，孩子总是一口回绝或闭口不答。学生也反映总会听到同学说一些令人不愉快的话语，心里很不舒服。而这些问题的根源就是人与人之间的交流方式存在问题。于是我萌生了开微班会《有话好好说》的想法。

班会前一天，我在班里作了一个小调查："请大家想想，你遇到过和别人不好好说话或者别人和你不好好说话的情况吗？你当时的感受是什么？请写在一张纸上交给老师。"

在认真分析了同学们交上来的纸条后，我利用午间 10 分钟开展了这次微班会。

我问同学们："大家想知道纸条上都写了什么吗？"

"想知道。"同学们顿然睡意全无。

"我先给大家念几个。"我笑着说。

　　妈妈看到我的屋里很乱，总是生气地训我。我也觉得应该收拾，可是她说的话我不想听，只能敷衍她或者是任由她边训边收拾。感觉妈妈总看我不顺眼。

去买睡莲，看到一家店里有，就问道："这睡莲卖吗？"店主生气地大声说："废话，不卖我在这儿干吗？"听完我顿时就不想买了，觉得没有被尊重。

和班里×××同学说事情时，说着说着就吵起来了，到现在还在冷战，感觉挺后悔的。

"这些都是不好好说话带给大家的感受。"我感慨地说，"我在整理纸条后发现，别人不好好说话让自己不舒服的纸条数量是自己对别人不好好说话的三倍，看来我们对自身的感受总是最敏感、最直观的。"

同学们听了陷入沉思。

我说："别人对自己的言行是面镜子，自己的真切感受暗示需要调整。虽然每个人的价值观和生活方式或许不同，但作为人却有着共同的感受和需要。我们一起从自身的改变做起。现在老师就教给大家一种好好说话的方式。先看四个关键词：观察、感受、需要、请求。这是'有话好好说'的四要素。下面我们通过例子来具体说明。例一：李涛宇的妈妈看到他的袜子在地板上乱丢着。想想他妈妈会怎样说，谁来模仿一下？"

孙雅学着妈妈的口气这样说："瞧你这乱的，赶紧收起你的臭袜子。"

王蕊："我和你爸都是利落人，怎么你这么邋遢！"

同学们大笑起来。

"请大家看看老师给出的表达方式。"我打出了投影：

妈妈说："看到地板上有你的脏袜子，我不太高兴，因为我喜欢整洁，把它放到卫生间好吗？"

"看到地板上有你的脏袜子"——妈妈的观察

"我不太高兴"——妈妈的感受

"因为我喜欢整洁"——妈妈有这种感受的原因（需要）

"把它放到卫生间好吗"——妈妈具体的请求

"我们可以尝试用'我看到……我感到……因为……请你……'这样的句式来表达。这个句式是著名的马歇尔博士研究的成果，为了方便记住，被称为'长颈鹿语言'。运用这种语言说出来是不是更容易让你接受？"我俯下身子问学生。他们若有所悟地点点头。

"再看例二：班里有同学随便动用你的东西。你可以试着模仿这个句式来表达吗？"

同学们小声议论着。

爱表达的小郭站起来说："同学，你随便拿我的东西，我不愿意，你想用哪个文具请告诉我。"

其他同学马上补充，他没说为什么不愿意，没说第三个要素。

"谁能帮他补充完整吗？"我问。

"我不愿意，因为我觉得没有被尊重。"小明补充道。

"请大家自己举例，互相试用'长颈鹿语言'来表达。"我提出新的要求。

李慧勇站起来说："看到同学往地上扔垃圾，怎么说？"

小武回答："同学，你往地上扔垃圾，我觉得不合适，因为爱护环境，人人有责，请捡起来吧。"

教室里马上响起热烈的掌声。

"小武同学的表达完整清晰，大家听了愿意配合的请举手。"我又问大家。

同学们举起手，脸上满是笑意。

"今天学到的这种表达方式，能让我们不再条件反射式地作出刺猬反应，而是有意识地使用'长颈鹿语言'清晰地表达自己的想法，同时尊重他人。大家可以多尝试用'长颈鹿语言'来与他人沟通，你们说好不好？"

"好！"全班同学响亮地齐声回答。

37. 以生为镜

浙江省瑞安市新纪元实验学校　许金峰

阳光透过窗户照进办公室，我伸了伸酸痛的腰，转脸和搭班的语文老师刘老师聊起班级的一些事来。

刘老师告诉我，何小明在作文中似乎对我成见挺大的，让我有时间找他好好聊聊。我随即拿来何小明的作文本，看看到底是怎么回事。一看竟让我震惊了，何小明写了他对我的希望、失望，还有新的希望。

我竟然在孩子们的心目中是这样的失职，难怪这段时间老觉得班级管理有点累，事事、处处都要我亲历亲为。真的，我把个人的消极情绪带进了班级管理中。每一次考试下来都感觉很郁闷，尽管自己做了很多，但班级后进生还是不少，而且教起来真的非常费劲。他们学不会也不想去学的消极状态时刻在消磨着我和我的同事们对他们的信心。"班带久了，心变小了"，工作中有很多不如意的地方，心理的压力非常大，现在看了何小明的作文，我意识到事情的严重性，也决心改变学生对我的看法。经过深思熟虑，星期二的班会课，我拿着何小明的作文走进了课堂。

"同学们，今天的班会课先开个微班会，它是个检讨会。"我神色严肃、语调恳切地说道。同学们有点紧张，个个瞪着眼睛看着我，默不作声。

"别急，我先念篇作文给大家听。"我轻轻地说。许老师不教语文，怎么也关心作文了？不少学生更觉得奇怪。我拿起何小明的作文念了起来：

曾经许老师在我心目中是一个值得敬重的人。前年，他是我姐姐的班主任，我总是听姐姐在父母面前夸她的班主任多么好，说他和蔼可亲，像爸爸一样呵护学生，从来不对学生动怒，更没有打骂过学生。那时我就很渴望有这样一位好老师做我的班主任。

可事与愿违，刚进学校后我被分到其他班，后来父母可能找了学校，在开学的第一天下午，我又调到了许老师的班级。我如愿了，心里非常高兴。

可是，我慢慢地发现现实中的许老师和姐姐口中的班主任判若两人，动不动就发脾气。就拿上次的月考来说吧，我班的成绩有点下滑了，班主任就凶神恶煞地对全班同学动怒，并且将几位成绩明显退步的学生叫到办公室严厉批评。还说假如下次考试成绩不能提高，全体学生都要挨训受批。此后，许老师比以前严肃了很多，鸡毛蒜皮的事都会大动干戈……

因此，每当许老师走进教室，我们都提心吊胆，怕老师发火。许老师，你知道吗，同学们对你的意见很大，说你不理解学生，他们对你有了敌对情绪，现在都不敢靠近你了。

我多么希望您能变回我曾经真心向往的班主任老师呀！

当我念完后，教室里鸦雀无声，从他们的眼神中我能读出他们在想，这个同学可惨了，竟敢写班主任的坏话！

"老师，谁写的？"刘扬帆的问题瞬间打破了教室内的寂静，我一字一顿地说："何小明。"

"哇！惨了！"同学们"同情"的目光投向了何小明，好像都在等待着我对何小明的"发落"。何小明更是面红耳赤，坐在那里低头不语，似乎也在等着作一次深刻的检讨了。

"孩子们，今天要作检讨的不是何小明。相反，我要诚恳地表扬和感谢何小明。谢谢你，何小明，是你的这篇作文把老师'击'醒了。否则，我将做不好我们班级的工作，我将成为同学们眼中失职的老师。因此，要作检讨的是我，而不是你。"

这时，同学们都用惊异的目光看着我，从他们紧张的神情可以看出他们心中的疑惑。

"现在老师向全体同学检讨：我作为一位班主任，身为人师，却没有作出好的表率，总以为严师出高徒。所以，每次你们考得不好后，我就随意对你们发火和批评。尽管事后也有和你们坐下来共同分析，但伤害你们在前了。为了教育和转变我本人，许老师自愿处罚自己：向同学们三鞠躬。"我真诚地说。全班学生都惊呆了。

"许老师，不要这样了。也是我们不好，我们也真的该细心了……"学生这才说出话来。

"一鞠躬，向我们全体同学道歉，恳请大家原谅许老师；二鞠躬，彻底忏悔自己的考后发火，保证类似行为不再发生；三鞠躬，以后认真倾听你们的意见，以生为镜，率先垂范，做同学们喜欢的好老师。"我深深地向学生鞠躬致歉。

这时，不知是谁带头鼓起掌来，班里洋溢着从未有过的和谐温馨的气氛。我动情地说："老师并非圣贤，也有犯错误的时候。师生平等，老师犯错，你们不仅可以写出来，更欢迎当面指出来。何小明就是我的'镜子'，我的学生老师，我再次感谢何小明。在此，许老师真诚地邀请更多的同学们来做我言行的'镜子'，我会永远尊重你们。"这时又是一阵掌声，我知道，这掌声有一半是给何小明的。

自从这节课后，我们的师生关系似乎一下子融洽了。他们都乐意亲近我了，而我对待违纪的学生也不再盛气凌人、简单粗暴、动怒呵斥，取而代之的是热情鼓励、坦荡交心、耐心引导。学生之间也学会了融洽相处，学会了自我批评，有错必改。

他们说："许老师都能在我们面前承认错误，我们还有什么架子放不下呢？"我则有了一种与学生心灵融为一体的感觉。班风有了明显的好转，方阵跑步展示第一、广播操比赛第一，这些集体荣誉的获得源于融洽的师生关系所产生的班级凝聚力。再后来每次考试年段前10、30、50 和 100 的学生人数也不断增多，大家都惊讶我们班的"化学"变化。

"心往一处想，劲往一处使。"这些也许得益于那节触及心灵的"以生为镜"课吧。

38. 坚强哥的故事

上海市奉贤区古华中学　程琳莉

初三了，学生们投身于紧张的学习中。但期末考试前，我发现有一些学生由于几次模拟测试的成绩不理想而心灰意冷。所以，我决定在班会课上和他们讲一讲坚强哥的故事。

上课了，我先给学生展示了一张照片：一位失去双臂的男青年站在大学的校门口前，虽然身体双臂残疾，但是他的脸上依然露出自信的笑容。

"如果我们也和他一样失去了双手，那我们的生活一定会变得很不方便，作为学生的你们，没有办法再用双手写字。这位男生也是一位学生，你们猜猜他是如何写字的。"

听完我的问题，学生们不假思索地说出了他们的猜想——用嘴写字。

"没错，他就是用嘴叼着笔写字的。接下来，我们来完成一个小挑战：请用嘴叼笔抄写一段文字，时间为一分钟。"

同学们都跃跃欲试，纷纷拿出了白纸和笔，将笔叼在嘴里写了起来。

我让学生抄写的是一段励志的文字：生活中面临失败是不可避免的，永远不失败是不可能的。失败让我重新认识自己，这是没有办法从其他地方学到的。

一分钟的时间很快就到了，我用实物投影展示了几位同学的"作品"，许多同学笑了，即使是平时大家公认的"小小书法家"，用嘴叼笔写的字也是歪歪斜斜的。

"好了，我们已经看过了大家的作品，同学们都体会到了，比起用手写字，用嘴确实困难得多，并没有我们想象的那么容易。现在我们一起来看看刚才这位男青年，他叫吴建平，人称坚强哥，他用嘴写的字，以及关于他的故事。"

视频一开始，就是坚强哥吴建平用嘴叼笔写字的画面，同学们不禁发出了赞叹的声音，坚强哥写下他想要拿到录取通知书，考上理想大学的心愿，字迹清晰端正，比好多人用手写的还好，但同时，大家也看到了坚强哥脸上密密麻麻的汗水。原来，他不是天生就失去了双臂，而是在 5 岁的时候发生了意外，变压器触电，导致他双臂截肢。失去双臂后的他并没有因此对生活丧失信心，如同他所说的："生活还是要一天天过，悲伤也要过，要开开心心地过。"正是这种乐观的精神，让他积极面对生活。他不仅会用嘴写字，还会用头顶球、自己穿衣服、扫地、刷牙洗脸、骑自行车等等，过上了和正常人一样的生活。随着视频的播放，以及背景音乐的渲染，我发现不少女生眼眶开始泛红。

看完视频，我请同学们谈谈他们的感受，大家都流露出了敬佩之情，小肖说："我喜欢坚强哥对生活的这种热爱，虽然他遇到了很多挫折，但是挫折并没有打败他，我非常敬佩他，要向他学习。"

接着，我出示了一个情景思辨题：我们班的一部分学生，对学习很马虎，一有困难就容易放弃。结合坚强哥的视频，你如何鼓励这部分学生？

我特意邀请了班中的"马虎大王"小何来谈谈。小何站起来，想了想说："我想对他说，不管遇到多大的困难，都不会比坚强哥的困难更困难，坚强哥都可以一一克服，我们为什么不可以呢？只要有坚强的意志和顽强的精神，我们一定可以克服的。"

说完之后，他若有所思，也许明白了我的用意：在鼓励别人的同时，更是在鼓励自己。

随后，我和学生一起分享了关于坚强意志的名言。当学生一起大声念出"励志照亮人生，拼搏改变命运"时，我也心潮澎湃。我告诉学生：

我们从小在家庭、社会的关爱和保护下长大，比起坚强哥，我们是幸运的，也是幸福的。但正因如此，当我们遭遇挫折时，也往往不知如何面对，有时甚至会退缩。希望通过今天这节微班会，大家学会在遇上挫折时，一定要勇于面对，敢于征服，也要珍惜自己目前拥有的美好生活。

　　说完，我看到了同学们眼神里闪烁的泪光。我相信这节课走进了大家的内心。

39. 向校园欺凌说不

江苏省常州外国语学校　吴辰怡

课间，小明和小亮因为一点小事起了争执，还没说几句，小明竟然当众掌掴了小亮。小明在班里欺负同学的事情已经不是第一次了，他俨然有发展为"班霸"的趋势，再加上他身强力壮，班里同学都有点怕他。我知道再任其发展下去，就要升级为"校园欺凌"了，班风、班级凝聚力都会受到影响。

我们班的孩子擅长表演，班级里组建了一个"万象剧社"，给孩子们一个施展的舞台。于是我决定以小剧场的形式开一次微班会。

事先，我根据真实事件，设置了一个虚拟情境：小王高高大大，身体健硕，小李性格内向，身体单薄。因为小李成绩好，所以小王经常要求小李给其抄作业，并以"打他"威胁他。小李实在忍受不了了，就将此事告诉了老师。小王受到了老师的批评。之后小王经常借机报复小李，还动手打他。小李很痛苦，而班级同学其实也都知道这件事，可是因为不敢惹小王，害怕牵连到自己，所以都默不作声……

情境设置好之后，我邀请几位同学角色扮演。

上课铃响后，我说："同学们，今天咱们万象剧社又要开演啦。请欣赏校园短剧《我该怎么办》。"

一场"好戏"才演到一半，同学们就窃窃私语起来。还有同学不自觉地看向小明和小亮，都觉得这个场景似曾相识。

我不动声色，细细观察。只见小明眉头紧皱，低下头来。等到表演结束，我说："刚刚看短剧的时候，老师发现很多同学窃窃私语。看来啊，大家挺有感触的。那老师就想请大家谈谈对于这个短剧的想法。"

教室里顿时安静了。大家你看看我，我看看你。没承想，小亮竟然举起了手，第一个站起来，哽咽地说："我很同情小李。在小李身上我看到了自己的影子。其实很多时候我真的很害怕，可我却不知道怎么办，我什么都不敢做，什么都不敢说。我多么希望在我遇到这样的问题时，能有人帮帮我。我甚至佩服小李，他有勇气告诉老师。而我，连找老师的勇气都没有。"说完，泪流满面。我安抚他坐下。就在此时，很多孩子都举起了手。

"短剧里的小王很不应该。不好好学习，还整天想着抄别人的作业，是对自己的不负责任。而且还威胁同学，报复同学，简直就是班级的负能量。"小张义愤填膺地说道。

小黄随即支持："班里的同学被欺负了，理所应当提供援手。可是这个短剧里的同学都默不作声，会助长小王越来越嚣张的！"

此时，小杨有点担心地说："可是，真的发生这种事，有多少同学会去管闲事呢，万一小王报复怎么办呢？"

"难道就因为怕报复，就置身事外吗？也许下次你就是小李呢。"小黄反驳道。

同学们你一言我一语。我暗自高兴他们对问题的认知在步步深入，不仅关注到了被欺凌者的感受，还关注到了"局外人"的问题。于是我说："刚刚同学们的发言让老师很欣慰。短剧反映了校园欺凌问题。正如小黄所说的，我们每一个人都有可能成为小李。当我们面对欺凌时，保持沉默、隐忍承受是一种选择，但却解决不了任何问题，只会让自己陷入泥沼，身心备受煎熬。其实，我们还有其他的选择。比如说不做沉默的羔羊，勇敢发声，寻求帮助，老师和家长永远是你们最坚强的后盾；再比如说保持冷静，机智应对，不卑不亢，如若遇到过于强大的欺凌者，要善于示弱，以保护自己的安全为第一要务。"

随即，我和同学们分享了这样一个故事：当年，鲁迅先生在日本留学学医，有一次和日本学生在上课时看了一场电影。电影中，一个中国人给俄国人做侦探，被日本人捕获，要枪毙了，而在旁边围观的也是一群中国人。这时所有的日本学生都欢呼起来，在鲁迅听来，这欢呼声格外刺耳。

紧接着，我抛出问题："在这个故事里，刺痛鲁迅先生内心的人到底是谁？"

同学们异口同声地回答我："旁边围观的中国人。"

"是的，在这个故事里，日本学生的欢呼，以及残害中国人的日本人固然可恶。可是，面对自己的同胞被残害，在旁边围观的中国人所表现出的冷漠更让鲁迅先生感到深深的恐惧。所以，后来鲁迅先生说：'凡是愚弱的国民，即使体格如何健全，如何茁壮，也只能做毫无意义的示众的材料和看客，病死多少是不必以为不幸的。所以我们的第一要著，是在改变他们的精神。'咱们语文课上学习的《孔乙己》里也有这样的看客，面对可悲可怜的孔乙己，只有无尽的嘲笑与人情的麻木冷漠。由此，老师想问大家，如果面对欺凌我们这些局外人置身事外，是不是就和'看客'一样呢？"

很多同学低下了头，为自己曾经在面对他人被欺凌时的"冷漠"与"胆怯"感到羞愧。

小明坐在角落里，似有感触。"小明，你有什么想说的吗？"我刚问完，所有同学的目光都聚焦在了他身上。

小明站起身来，脸涨得通红。"同学们，对不起。以前我……觉得你们都怕我，很威风……我以后一定改。小亮，我向你道歉，你能原谅我吗？"小亮激动地点点头。我分明看到了小亮眼里闪烁的泪光。

"小明，老师为你勇于承认自己的错误，并愿意改变而感到骄傲。初中三年，转瞬即逝。从班级组建的那一天起，我们就是一家人。这个家，需要我们共同来守护。将心比心，换位思考，很多问题都能迎刃而解。同学们，我们一起努力做最好的自己，好吗？"

"好！"

其实，我们每一个人都有可能成为小李，也有可能成为小王。教授面对欺凌问题的方法，让全班同学正确认识"欺凌"，只是第一步。让每一个孩子认识到爱是生命永恒的主题，才是我的最终目的。一个班级良好风气的营造，需要所有人的共同努力与维护。成长比成绩重要。

40. 学会坚强

上海新纪元（重庆）学校　宋仲春

　　每年的 5 月 12 日是全国防灾减灾日。而 2018 年 5 月 12 日正是汶川大地震十周年纪念日。在这样一个特殊的日子里，我想带领孩子们重温汶川地震救灾时许多感人的场面，让孩子们懂得珍爱生命，学会坚强，激励自己前进。

　　上课的铃声响了。我在投影屏幕上向同学们展示全国防灾减灾日的图标，请同学们说说它的寓意。同学们争先恐后地回答：防灾减灾日的图标以彩虹、伞、人为基本元素，雨后天晴的彩虹寓意着美好、未来和希望，伞的弧形代表着保护、呵护之意，两个人代表着一男一女、一老一少，两人相握之手与下面两个人的腿共同构成一个"众"字，寓意大家携手，众志成城。

　　分享了全国防灾减灾日图标的寓意后，我问孩子们："5 月 12 日还有什么特殊的意义？"许多同学回答："纪念汶川大地震。"

　　"对，明天是汶川大地震十周年纪念日，现在请大家看一段小视频。"我给孩子们播放了"5·12"汶川地震抗震救灾的视频，一幅幅惨烈的画面，一声声急切的呼喊，一个个难忘的瞬间，大家都默不作声地观看。

　　观看完毕，我请孩子们交流感受。

　　班长李恒神情凝重地说："在大自然面前，人类的生命是多么的脆弱，所以，我们要珍爱生命！"

　　"是啊，面对大自然的灾难，我们人类显得多么渺小，多么无助！"

我接着说，"持续约两分钟的地震，竟然造成了 69227 人死亡，374643 人受伤，17923 人失踪。直接经济损失达 8451 亿元人民币。"

"看到那么多惨烈的画面，我的心被揪得紧紧的，一个个鲜活的生命瞬间就消失了，他们的亲人如果还在，该多么心疼啊！"李珊珊用低沉的声音说。

"我们重庆紧挨着四川，有没有哪位同学家有亲戚在这次地震中受了灾难？"我想从孩子们的身边挖掘素材，请他们现身说法，加深对灾难的认识。

徐海杰站起来说："我姨婆家在绵阳，地震使她家失去了 3 位亲人，地震后不到一年，姨婆就去世了，我妈说，姨婆是伤心过度去世的！"

"我爸爸的同学家在映秀镇，地震发生时他们一家正好在外面劳动，所以躲过了一劫，但是他们家刚造的三层楼房瞬间夷为平地，我们家还给他们寄去了一万元钱，还有衣服、被子等许多东西。"康楠说道。

"最让我感动的是那些人在生死线上挣扎的时候，他们热爱生命，坚强不屈的精神。他们敢于向死神挑战，敢于向命运抗争，是我们学习的好榜样！"陈奕霏发表了自己的看法。

我说："是啊，很多人在命悬一线之际，选择坚强。"接着我给大家讲述了地震中一位坚强的母亲的故事：

5 月 13 日中午，救援队员发现她的时候，她已经没有了呼吸。透过一堆废墟的间隙，可以看到她双膝跪地，整个上身向前匍匐着，双手扶地支撑着身体……救援队员从空隙伸手进去，确认她已经死亡，又冲着废墟大声呼喊，没有任何回应。

这是震后的北川县，还有很多人在等待着救援。救援队走向下一片废墟时，队长好像意识到还有什么，忽然返身跑回来，他仔细观察后，高声喊道："还有个孩子，还活着！"

经过一番艰难的努力后，人们终于把孩子救了出来。他躺在一条红底黄花的小被子里，大概有三四个月大，因为有母亲的身体庇护，孩子毫发未伤。

随行的医生过来给孩子做检查，吃惊地发现有一部手机塞在被子里。医生下意识地看了一下手机屏幕，发现屏幕上是一条已经写好的短信："亲爱的宝贝，如果你能活着，一定要记住我爱你。"

看惯了生离死别的医生，在这一刻落泪了；手机传递着，每个看到短信的人，都落泪了……

大灾难面前，母爱，孕育了一个个看似不可能的奇迹。

听完故事，孩子们的眼里噙满了泪花，为那个令人尊敬的母亲！

我告诉孩子们，视频里还有两组镜头特别令人感动，一是人民子弟兵舍身抢救老百姓，一是全国人民抗震救灾、捐款捐物的感人场景。地震无情人有情，一方有难八方支援，这就是我们中华儿女坚强意志的真实写照。

"汶川大地震虽然已经过去十年了，但它留给人们的思考是永恒的。"我告诉孩子们，"生命对于我们只有一次，正因为它脆弱，所以我们要倍加珍惜，倍加呵护；正因为它宝贵，所以当它受到威胁时，我们要选择坚强，选择不屈。只有这样，我们才能不断迎接人生新的挑战！"

41. 换个角度想一想

上海市奉贤区古华中学　李　静

　　父母都望子成龙，所以会对孩子施加压力，而初三的孩子步入青春期，有的相当叛逆。站在人生的第一个十字路口，他们的压力真不小，面对父母的叮嘱，他们心烦，他们自以为是，与父母之间的冲突时有发生，甚至很激烈。

　　二模考试结束后，有好几位母亲跟我联系，让我做孩子的思想工作，因为她们的话孩子根本不想听，孩子嫌她们烦，有个孩子甚至不跟母亲讲话了。我觉得孩子们的心情可以理解，但他们也要学会换位思考，体谅家长的良苦用心。初三时间紧，我决定上一节微班会，让孩子们体会到家长的付出和爱，调整心态，迎接挑战。

　　午会课时间到了，我走进教室说："同学们，今天我们来做个游戏吧。"一听做游戏，大家很感兴趣，原本几个埋头写作业的也抬起了头。

　　"'人'这个字大家都会写吧？"

　　同学们先是一愣，接着七嘴八舌地说："会，会！""那么简单。"

　　"来，卫诗吟，在我的手心里写个'人'字给我看。"卫诗吟来到讲台前，一撇，一捺，在我手心里写了一个大大的"人"字。

　　"写得很好。既然大家都说会写，那能不能用两手的食指比画一个'人'字给我看？"我边说边伸出两根食指，强调说，"比画一个'人'字给我看哦。"

　　同学们很兴奋，纷纷比画起来。

"请停下不要动，这叫定格瞬间。我请卫诗吟做个裁判。看看她看到的是不是个'人'字，标准就是她在我手心里写的'人'字。"

卫诗吟左看右看，环视了教室，用不太肯定的语气跟我说："好像都不是。"

这时同学们议论纷纷，有性急的责问道："摆出来的不就是'人'字吗？"

"要比画个'人'字给我看。"我再次加重语气强调，"你们相互看看，看到的是'人'字吗？"这时同学们恍然大悟，调整手势，摆出给别人看的"人"字。

我问："为什么我看到的不是'人'字？"

池臻一马上说："因为看的角度不同。"

"那这个游戏对我们有什么启发？"我继续问。

片刻沉默后，沈瑜涛同学大声说："要换个角度思考。"

"说得好！许多事我们要换位思考，才能理解别人。站在对方的角度思考，心理学上称之为同理心，也叫共情、移情、换位思考。现在再问大家一个问题，你们最近与母亲有过冲突或不开心吗？"我抛出"蓄谋已久"的问题。

"我妈在考试后老是追问我的成绩，可是嘴上又说不在意，我很烦她的这种态度，所以和她吵起来了。"说话的是钱思芋，因为患有比较严重的皮肤病，不能见光，所以妈妈之前常表示，只要她身体好就行。

我说："那我们换位思考一下，如果你是母亲，想一想为什么母亲会有这样矛盾的表现。"

"因为她妈妈希望她考得好一点，又不希望她太累。"陈诗羽说。

"是啊，每个母亲都希望自己的孩子有好的成绩，有好的表现，但又希望孩子是健康的，所以母亲的内心也是矛盾和挣扎的。"我说。

"换位思考后你能体谅母亲吗？"我转向钱思芋问道。钱思芋用力地点了点头。我又问："还有同学与母亲有矛盾吗？"

明薇站起来说："最近快要考试了，我有一点慌，脾气不是很好，妈妈就很生气，每天做我的思想工作。我很烦，都不想跟她说话了。"她就是那个不跟妈妈说话的孩子，我没想到在班会课上她勇敢地说出了自己的近况。

"同学们，我们来换位思考一下，为什么妈妈会生气并且每天会不停地唠叨她？"我问。

张蔓昱站起来说："唠叨你，那是因为爱你，你的妈妈肯定不会唠叨别人家的孩子。"

我笑着说："你妈妈没来唠叨我。"同学们都笑了。

焦王祎说："你妈妈每天给你做思想工作，可能是怕你压力太大了。"

"你妈妈生气，那是因为她很着急，本来就快考试了，你要是慌的话肯定复习不好，也考不好，她是因为太希望你保持正常状态才生气的。"何瑞佳说。这个孩子平时就善解人意。

我接着说："如果你都表现出慌的情绪了，我想每个母亲都会有所行动的。面对中考你们有压力，家长也有压力，甚至压力更大。他们既担心你们的成绩，又担心你们的身心。换位思考，你们是不是要对他们好一点？"我看向明薇时，她低着头，脸有些红涨。

我看时间差不多了，就对同学们说："母亲是我们生命中最重要的人，她给了我们生命，又用一生的心血呵护培育我们，当我们渐渐长大，有了自己的主意时，我们要懂得换位思考，站在母亲的角度上，想想母亲为什么这样做，这样我们就更能体谅母亲了。"

说到这里，我感到自己也有点鼻酸了："我们长大了，母亲却渐渐老去了，甚至将来有一天，我们再也听不见母亲的唠叨了，所以我们要特别珍爱母亲。母亲节也快到了，我提议大家为母亲做两件事：一是写一段感谢母亲的话；二是为母亲做一件事或送一件礼物。"

我把事先准备好的卡片发给孩子们，就这样，这节微班会在孩子们认真的书写中结束了。

第二天，明薇的妈妈发来微信："昨天晚上，孩子跟我讲话了……"

42.画出我的生命线

辽宁省大连电子学校　刘　畅

新学期开学不久，我发现不少学生学习目标不明确，对学校生活没有合理规划。作为班主任，我希望同学们尽快找到自己的发展目标，规划好今后的学习生活。

班会课上，我笑着说："今天我们的班会课，要画出'我的生命线'。生命线就是每个人生命会走过的路线。"

我刚说完，就发现同学们眼神里充满了好奇。

我给每人分发一张 A4 白纸，让同学们取出彩笔筒，给学生讲解规则："每人挑两支笔，一支较鲜艳，一支较暗淡，可用颜色区分心情。把白纸横放摆好，上方写上'×××的生命线'。在纸的中部，从左至右画一道长长的横线，然后给这条线加上一个箭头，代表生命的走向。"

我笑着说："按照你为自己设想的生命长度画。目前中国人的平均年龄是 77.7 岁，咱们可以设想得长一点。但不能长很多哦。"同学们都笑起来了。

"找到你目前所在的那个点。点的左边，代表过去的岁月，把对你有着重大影响的事件用笔标出来。如果你觉得是快乐的事，就用鲜艳的笔写在生命线的上方。如果你觉得快乐非凡，就把这件事写得更高些。如果你觉得是不快乐的事，就用颜色暗淡的笔写在生命线的下方，非常痛苦的事情，就写在更低的位置。"

我刚说完，同学们就饶有兴趣地画起来。

很快同学们就画好了。我接着布置任务说:"过去已成定局,我们要面向未来,作好一生的规划。在你的坐标线上,把你这一生想干的事,比如想挣多少钱、住什么样的房子、开什么车、找什么样的工作、个人情趣等都标出来。要注明预计时间,视它们带给你的快乐和期待的程度,标在线的上方。当然,在将来的生涯中,还有挫折和困难,也可以标出来。"

3分钟的时间,很多学生完成后,我又让他们用手机拍照上传到UMU教学互动平台,然后彼此交流。

这时,我问道:"你过去和未来的生活中,是快乐多,还是烦恼多?"

杨润晨说:"过去全是不开心的事情,未来我写出很多让自己开心的事情。"

张瑞说:"我的生命线中,过去和未来都有开心和不开心的事情,但快乐的事情多一些。"

"两位同学介绍了自己的生命线。张瑞能以辩证的观点看待生活,我更欣赏。"我又说,"在未来规划中,同学们都写出很多让自己开心的事情。不管未来发生什么,我们都要以乐观的心态面对生活。"

不少同学点头赞同,我又引导大家思考:"你们设定的目标是否合理?在你设想的年龄阶段是否能够实现?"

邱丹说:"我想在25岁担任物流公司的项目经理工作,似乎有点难。"

黄沂说:"我想在26岁找一份仓储主管的工作,每个月工资在8000元以上,不知道是否能够实现。"

李梓铭说:"我凭借自己的能力预计30岁在大连市内买一套100平的房子有些压力。"

我笑着说:"适合自己的目标才是最好的目标,目标过低,缺少动力,目标过高,会焦虑和失望。目标设定不具体、不清晰的同学要回去重新调整。那目标设定后,我们通过什么途径来实现?"

同学们七嘴八舌地说:好好学习,努力工作,积极行动。

我说:"很好,明确目标,能够激励自己勤奋学习,除了知识储备,还需要作哪些准备？"

"还要有良好的语言表达能力和团队合作能力。"张瑞说。

"还需要有好的性格，人缘好。"黄沂说。

"还要有良好的形象和行为习惯。"邱丹说。

"大家说得很好。我相信同学们在校期间如果能够通过勤奋学习获得知识，通过各项活动提升自己的能力，不断完善自己的性格，将来一定可以实现自己的目标。过去已成定局，将来在于努力，我们要把握好今天。那今天应该怎样安排好两年的职业学校生活呢？"我的提问引发同学们的思考，"我给大家布置一项作业，你们要制定一份切实、明确、有可行性的规划，规划要体现三个要素：任务、标准和时间。我在 UMU 教学互动平台上把制定规划的表格和要求发给你们，你们填完后要上传到平台。能不能完成好？"

"能！"同学们异口同声地回答。

"好！"我提高了嗓门总结，"生命线不是掌握在别人手里的，它只有一个主人，就是你自己。无论未来的生命线是长是短，我们都要精彩地过好每一分钟。"

43. 紧箍咒

四川省德阳市第五中学　蹇从刚

高一开学不久，同学们都很兴奋，看到大家一张张稚气未脱的脸，我心里很是感慨。又是一届新生入学，刚刚经历了初三的洗礼，进入高中的新环境中格外开心。

可惜好景不长，当一些孩子熟悉了环境之后，身上那些散漫的习气慢慢就不加掩饰起来，活脱脱一个个花果山的"美猴王"，大有"大闹天宫"的架势。

在班委例行会上，班长向我反映了这个问题，是"镇压"，还是"杀鸡骇猴"，我接连几天都在思考这一问题。

又是一堂班会课时间，我慢悠悠地走进教室，说："今天我和同学们探讨一下文学吧！"

"探讨文学？"

"和教物理的老班？"

"班会课？"

同学们不知道我葫芦里卖的什么药，教室里瞬间炸开了锅。

"同学们都看过《西游记》吧，大家最喜欢哪个人物呢？"

"那还用说，肯定是齐天大圣孙悟空喽！"几乎是异口同声的回答。

我心里窃喜，这么快就上道了。

"喜欢他什么呢？"我继续追问。

小胖子率先抢着说："喜欢他本领高强，能七十二变，翻筋斗云，有火眼金睛。"

"还有嫉恶如仇，保护唐僧去西天取经，一路降妖除魔，忠心耿耿。"小段补充。

……

我看差不多了，话锋一转，继续发问："那同学们觉得孙悟空一生中最重要的转变是什么？对我们有什么启发呢？"

"不怕困难，漂洋过海学本领。"

"被压在五行山下 500 年，他认真反思了自己以前犯的错误。"

"拜唐僧为师，跟随唐僧去西天取经，不做花果山上逍遥自在的美猴王，准备做造福百姓的事情。"

不得不说，孩子们看问题的深度和广度都有了，可是还没有等到我想要的答案，我继续请同学们发言。

这时，班长举起了手，在全班同学的注视下，他大声地说："老师，我觉得孙悟空一生中最重要的转变是戴上了紧箍儿！"

"这算什么转变？这是他最痛苦的事情。"小段马上起来反驳。

"不，同学们想想孙悟空在戴上紧箍儿之前和之后做的事情，有什么不一样？"班长继续说。

"戴上紧箍儿之前，他是花果山的美猴王，天宫的齐天大圣，四海遨游，想做什么就做什么，多逍遥自在啊！"小鑫说。

"可是结果呢？花果山的美猴王实际上就是一个妖精，没有做过什么好事情，而自由自在的齐天大圣却大闹天宫，最后落得被压五行山的结果。"班长侃侃而谈。

班上沉默了，很少有同学会从这个角度来分析花果山的美猴王。

"对啊，戴上紧箍儿的齐天大圣，一路踏踏实实地跟着唐僧去西天取经，再也不会为了一点小事情把师父丢到一边，架起筋斗云就跑到东海去喝茶了。"

"而且，也不会动不动就乱杀人，因为师父会念紧箍咒。"

"没有带紧箍儿的孙悟空是妖，戴上紧箍儿的孙悟空最终成了斗战胜佛，如果没有这个紧箍咒，师徒四人的取经团队，唐僧还真不好管束孙悟空呢！"

班长的观点得到大家的认可，几个活跃分子进行了理性补充。我看火候差不多了，便插了一句："我们班现在可有不少'美猴王'呢，大家是不是愿意自己戴上紧箍儿啊！"

这些天准备"大闹天宫"的"美猴王"们恍然大悟，有的不好意思地低下了头。

同学们的热情被点燃，纪律委员站起来说："老师，我们的紧箍咒就是班规吗？"

我没有直接回答，而是反问道："同学们觉得呢？"

"我觉得既是又不完全是，我说不清楚。"小段想了想说。

同学们被这个回答逗乐了，我也笑了。

"班规像紧箍咒对我们有要求，但还需要我们修炼内心，我们不是因为怕受到惩罚而规范自己的行为，而是因为我们本身在追求优秀。"我恳切地说。同学们一双双思考的眼睛望着我，我想，响鼓不用重锤，这些聪明的孩子已经"悟"得了纪律的精髓。

稍作停顿，我总结说："孩子们，世界上没有绝对的自由，每一个集体都必须有纪律约束，没有纪律的集体就是一盘散沙，盲目的自由就会对他人的利益造成侵害。希望同学们都能自己戴上紧箍儿，通过高中三年的修炼之路，最后都能修成正果！"

走出教室时，我想，其实优秀的人都是有个"紧箍儿"的呀。

44. 安全不靠运气

重庆市云阳师范学校　黄　冠

我校很多学生都是住宿生，如果宿舍发生火灾而学生没有应急避险能力，后果将不堪设想。为了增强住宿生的安全消防知识，提高防灾避灾能力，学校专门在宿舍楼组织了一次消防应急疏散演练。让演练更加逼真，还特意在宿舍楼下燃烧了一些废弃的树叶，制造了点烟雾，来提高同学们实际应对的能力。

在疏散演练开始前，学校的安稳办主任还专门给同学们作了培训，要求同学们听到警报后，将毛巾润湿捂住口鼻，快速通过宿舍底楼通道。

结果，我发现班上有好几个同学在疏散演练的过程中，嘻嘻哈哈，也没有用毛巾捂住口鼻，而是慢悠悠地走，一点也没有紧张感，甚至说这个演练很搞笑。我便将其中一个同学留住，问道："你怎么没有一点紧张感啊，这是在模拟演练逃命啊！"

他淡定地回答："老师，火灾怎么会在我身边发生呢，再说，这栋楼10年都没有发生火灾了，我的运气不会那样差吧。"

学生的回答引起了我的思考。很多同学平时不注重安全教育，不喜欢参加安全实践活动，骨子里的想法也是危险离我们很远，安全靠运气，我觉得有必要给同学们纠正这个错误的认识。

班会课上，我问大家："同学们，你们想一想，安全是不是靠运气？"

谭宇说："当然靠运气啊，不是说'是福不是祸，是祸躲不过'吗？"

我继续问："还有谁有不同的观点？"

陈潇说："虽然不完全靠运气，但是运气也占了很大的成分，你看那些外面发生车祸的人，他们的运气就有点差。"

"其他同学是不是也赞同这两种观点？"我继续问。

结果很多同学都点头同意。

"好吧，同学们，我先给大家播放一段视频。"

这时候，我播放了川航 3U8633 奇迹备降成都双流国际机场的模拟动画、采访视频，并呈现了一些相关的图片资料，特别是机组副驾驶员差点被强风"吸"了出去，衣服也被撕了个粉碎的图片，让同学们都惊呆了。

我继续谈道："飞机前挡风玻璃破裂后，800 多公里的时速，零下 40 多度的低温，大量机载自动化设备失灵，巨大的风力将仪表盘掀开，无线电联系塔台也被噪音干扰。危急关头，3U8633 航班机长刘传健，依靠 20 年的飞行经验，手动操纵，于 7 时 40 分左右，让飞机成功地备降在了成都双流机场，保证了 119 位乘客和 9 名机组人员的生命安全。整个备降过程前后仅仅 20 分钟。"

"同学们，800 多公里的时速，零下 40 多度的低温，你会有什么样的感受。如果你在这架飞机上，后来平安降落，你是感谢老天爷给你的好运气还是感谢刘机长的专业知识？你们仔细想一想。"同学们陷入了沉思。

"刘机长能够成功降落，靠的不是好运气，而是过硬的专业能力，以及多年来的认真训练，有安全意识和危机意识，才能在关键时刻保护自己和身边的人。昨天我们开展火灾应急疏散演练，很多同学都没有按要求用湿毛巾捂住口鼻，他们慢悠悠地走，感觉演练很搞笑。我想告诉你，演练这样做一点也不好笑。据统计，火灾中 80% 以上的死亡是烟气窒息致死，用湿毛巾捂住口鼻训练也是为了防患于未然。请大家记住，安全不靠运气。"

"我还想告诉大家，随着社会的发展，很多人到外地工作，到国外旅游，遇到意外事件的概率也会增大。这时有安全知识、有避险能力，就会派上大用场。"我清了清嗓子，郑重其事地说道，"今天课后的作业就以《安全不靠运气》为题写一篇心得体会，我想看看大家的体会。"

45. 你需要一块石头

山西省平遥现代工程技术学校　史锦丽

2017 年 9 月，我接手了一个新的班级，对于刚入高一的他们来说，曾经的初中生活已成为他们回忆的一部分，生活学习有了一个新的开始，一个个都摩拳擦掌，想创造一个不一样的高中生活。

但是经过了两个多月的学习，孩子们出现了"一鼓作气，再而衰，三而竭"的状态，都是三分钟热度，学习干劲有退潮的迹象。

不知从哪天起，我们办公室里的人，陆陆续续都备了各种各样的小瓶子，每人桌子上都养了绿萝。绿萝好养，直接泡到水里就可以了，省了找土栽培的麻烦。但是经过我仔细观察，发现养殖方法不同，绿萝的生长状态也不同。

所以，班会课上，我将办公室里的几瓶绿萝带到了班里。

孩子们不知道我葫芦里卖的什么药，你一言我一语地说着自己对绿萝的理解。趁着这个氛围，我问大家："同学们，你们看，这是办公室里老师们自己养的绿萝，大家仔细看一下，有什么区别呢？"

张人炜看了以后，大声说："老师，这个绿萝在水里慢慢生了根，但是叶子开始发黄了，都快养死了。"

龚子杰指着另一瓶绿萝说："这个绿萝养得好，长得绿油油的，密密的一丛，每一片叶子都精神得很，不像那一瓶绿萝，又蔫又稀。"

于是我问道："那你们讨论一下，为什么这两瓶绿萝是同时养的，但是现在生长得不一样呢？"

白宏图指着长势好的那瓶说："老师，是不是人家这一瓶在土里种着呢？你看，它的花瓶可以放土的。"

我说："没有，它也种在水里。"

同学们一个个面面相觑，不知道除了种在土里，还有什么办法能让绿萝在水里也长得这么好。

我笑着将两瓶绿萝举高，把绿萝的叶子拨弄了一下，让他们仔细观察花瓶里的秘密。赵艳杰眼尖，大声说："长势好的那瓶绿萝下面有石头。"

我满意地点点头，对孩子们说："你看，老师放了几块石头进去，这瓶绿萝的根就使劲往下扎，把石头紧紧地缠住。而只有水的话，它的根就没什么可抓的，在水里飘呀飘的，就长不好了。"

孩子们恍然大悟，原来是因为石头的缘故，紧接着，我对同学们说："其实养绿萝就如你们学习一样，学习差不怕，只要你们给自己制定目标，并且认准目标，坚持不放弃，就没有成功不了的事。"

孩子们听了，都信服地点点头。

说着，我拿出事先准备好的张万舒的《黄山松》，请孩子们一起诵读：

> 好！黄山松，我大声为你叫好，
>
> 谁有你挺得硬，扎得稳，站得高；
>
> 九万里雷霆，八千里风暴，
>
> 劈不歪，砍不动，轰不倒！
>
> 要站就站上云头，
>
> 七十二峰你峰峰皆到；
>
> 要飞就飞上九霄，
>
> 把美妙的天堂看个饱！
>
> 不怕山谷里阴风的夹袭，
>
> 你双臂一抖，抗得准，击得巧！
>
> 更不畏高山雪冷寒彻骨，

你折断了霜剑，扭弯了冰刀！

谁有你的根底艰难贫苦啊，
你从那紫色的岩上挺起了腰；
即使是裸露着的根须，
也把山岩紧紧地拥抱！
你的雄姿像千古高峰不动摇，

每一根针叶都闪烁着骄傲；
那背阳的阴处，你横眉怒扫，
向着阳光，你迸出劲枝万千条！
啊，黄山松，我热烈地赞美你，
我要学你艰苦奋战，不屈不挠；
看！在这碧紫透红的群峰之上，
你像昂扬的战旗在呼啦啦地飘。

　　"绿萝没有土可以，但不能没有一块石头，而人贫困并不可怕，可怕的是没有依托，学习成绩差并不可怕，可怕的是没有精神的固守。"我想，我的这番话将留在孩子们的记忆中，也将成为我们行动的指南。

46. 命运在自己手中

广东省深圳市第二职业技术学校　宋　倩

　　新学期开学伊始，便有老师反映学生上课睡觉的现象越来越严重。领头的男生叫杨洋，扬言学校就是他的度假村，父母也支持他混到毕业后回家帮忙看店。在他的带领下，几个男生寒假跑去网红店排队做托，赚了点钱后就更加飘飘然，觉得就算不读书也能养活自己。他们一边手握着大好青春却不思学习，另一边却想着怎么赚快钱来享受人生，如此舍本逐末的做法，偏偏在涉世未深的学生间很有市场，并大有蔓延之势。如何才能将他们拉回正轨呢？

　　晚自习快要结束的时候，我走进教室："同学们学习了一天辛苦了，我们来玩个游戏，赢的小组可以获得一次作业免检的机会。"一听到作业可以免检，同学们瞬间来了兴致。

　　"请拿出一支笔，在你们的手心里写上任意一个数字。"

　　这么简单的任务，学生很快就完成了。我看到有人写了7，有人写了888，杨洋写的是66666，小婷写了个1，想了片刻，后面又加了7个0。

　　"注意，写好后请在你的第一位数前和最后一位数后分别画一个加号。"我继续道："现在我们需要4个组长，谁愿意？"

　　在一只只高举的手中，我选了杨洋、小婷和另外两名同学。

　　"组长可以随意挑选自己的组员。"我宣布游戏规则："每位组长可以选取9名组员，你们只有3分钟的时间，在这3分钟内，你们要将所有组员手上的数字相加，最后数字之和最大的小组获胜。"

说完，我就在大屏幕上开启了倒计时。

游戏规则很简单，短暂的混乱之后，知道抗议无效的他们在倒计时的催促下开始组队。

杨洋一脸得意地将他手中的66666高举到大家面前，立刻吸引了一众追随者，他高喊："10000以下的就别来了，我们这组只招数字大的。"话音未落，便听到隔壁组小婷的呼声："我这里有一千万，数字高的同学快来。"刚刚归于杨洋麾下的几名数字很高的同学瞬间便倒了戈。

很快，数字大的同学全部都找到了组织。被剩下的，则是那些因为数字太小而不愿继续游戏的人。最后，小婷组以绝对优势取得了胜利。

"你们有什么感觉？"我问学生。

"这不公平。"

"早知道会这样，一开始应该写大一点的数字的。"

"唉！被人明码标价似的挑来挑去，好屈辱……"

学生们像炸了锅一般，开始抱怨。

"大家觉得这个游戏不公平，好屈辱，可是偏偏这样的场景每天都在上演，也许在不远的将来，你们也会遇到。"

幻灯片上人山人海的招聘会场面吸引了学生的目光，应聘者手中握着的简历就像他们手心的数字，决定了每一个人未来的去向。

"最近抖音很火，听说班里有同学去网红店打工还赚了钱。且不说这笔收入是否合法，同学们心疼父母，主动愿意为家人分担的精神非常值得肯定。"说着，我还放出了网红店排队场面盛大的照片。

听到我的表扬，林楠不自在地笑了："可是，这毕竟不是长久之计。"

原来，学生心里还是有谱的。我点点头："确实，假如你们是网红店老板，招人时，你更需要假装排队买奶茶的，还是给他出策划案帮他在抖音上火起来的那个人？"

"当然是后面的那个人。"

"当托儿，初中生都可以。"

"这便是人和人才的区别。"我问："你们希望自己是人还是人才呢？"

"当然是人才啦。"林楠说，"可这个需要技术，我搞不来啊！"

"需要什么技术呢？"我继续追问。

"网络营销。"小婷脱口而出。

"消费心理学。"燕燕补充道。

我向她们竖起了大拇指："这不就是你们的专业课吗？为什么搞不来呢？"

"专业课还学这个？"林楠不好意思地说，"我一听老师讲理论就走神，所以……"

"磨刀不误砍柴工，如果想做人才的话，就必须有一身别人无法替代的硬本领。"

"大家找兼职时，不妨尝试下那些专业性更强的，用我们课堂上学习的知识来使理论与实践相结合，如此，你们的劳动岂不更有价值？"

"还有这种工作？"刚才一直没吭声的杨洋突然抬起了头。

"前两天猪八戒网上搞文案征集，我就投了稿。"班长欣欣抬头笑道。"结果还没出来，不过重在参与嘛！"

"我最近在帮我妈把她的服装店放到淘宝上，生意不太好，不过我在想办法，还请教了很多专业课老师。"燕燕小声说。

"寒假我在表姐的天猫店做美工，刚好把课上学到的知识拿来练手。"成辉补充道。

我欣慰地点了点头，郑重地说："拿起你们的笔来，如果允许你们在加号后面继续写数字，你们会加多少？"

"有多少就加多少！"

"加……无穷大！"

我笑了："大家看，哪有什么命运，命运在哪里？"

学生们看着自己手心的数字，认真地说："在自己手中。"

最后，我总结道："莫等闲，白了少年头，空悲切。希望大家都能记住你们刚才说的话，珍惜时光，用心学习，做更有意义的事，当更有价值的人。因为命运一直都握在我们自己的手中！"

47. 美丽中国，我也是行动者

辽宁省大连综合中等专业学校　朴莲花

　　近年来，随着现代化工业建设的迅猛发展，我们的生活质量有了很大的提高，但生态环境的破坏也随之而来：空气污浊、污水横流、垃圾围城……，蓝天碧水已成为许多人儿时的记忆。习近平总书记强调必须树立和践行绿水青山就是金山银山的理念，带领我们开展了保护环境、绿色发展的攻坚战。我作为班主任，有责任和义务向学生们普及环保知识，树立正确的环保意识，用实际行动为保护环境尽职尽力。6月5日，正值世界环境日，虽然班务繁忙，我还是特意召开了《美丽中国，我也是行动者》微班会。

　　课上，我笑吟吟地问学生："大家知道今天是什么日子吗？"

　　同学们还在猜测今天是某个同学的生日时，管梦琳说："手机新闻上说，今天是世界环境日。"

　　"管梦琳说得对，今天是世界环境日，我国今年的环境日主题是'美丽中国，我是行动者'。我们虽然还没参加工作，但作为一名公民，我们也有保护环境的义务。"我说，"所以，今天我们来开一个微班会，课名就叫——《美丽中国，我也是行动者》。"

　　"下面请大家看一个短视频，思考今天怎样才能保护好环境。"说着，我播放起视频。视频展示了人类滥砍滥伐、肆意开发造成的严重后果，资源枯竭，生态破坏，生存面临危机，而遭到严重破坏的生态环境反作用于人类，使人类也成为受害者。

看完视频，同学们的表情凝重。于是我说："大家不要过于悲观，生态环境问题是严重的，但这些年来，党和国家带领全国人民大力开展的环境治理也收到了相当大的成效。我们不是也看到了身边的许多改善吗？大家发现没有，今年我们在教室远望时，看到的风景要比刚入学时看到的清晰、漂亮？"

"是啊。""真的是这样。"同学们也表示赞同。

"去年党的十九大进一步要求重视生态环境治理，各级部门积极行动，我们身边的环境不断得到改善。那么我们是不是也应该行动起来？"

"是！"学生异口同声地回答。

"好，那我出几道题来考考大家，看看大家对环保知识了解多少。注意了，是抢答题。"我笑着说，"第一题，以下哪种废品对环境的破坏最大？ A.废塑料袋；B.油漆；C.包装纸；D.皮革。"

"A！"好几个同学大声抢答道。

"回答正确。因为抛弃在陆地上的废塑料袋混在土壤中不断累积，会影响农作物吸收养分和水分，导致农作物减产；而抛弃在地面上的废塑料袋，很容易被动物当作食物吞食，甚至会导致动物死亡。因此，同学们要多使用布袋或纸袋，尽量减少使用一次性塑料袋。请听第二道题，上一题让我们认识到了地面上的环保知识，那么为了不破坏水体环境，我们应该用哪种洗衣粉来清洗衣物呢？"

"无磷。"有学生抢先回答。

"我还没有说选项，你们就已经说出答案了。有磷的洗衣粉虽然去污效果好，但洗涤后的污水排放到河流湖泊中后，水质会趋向富营养化，造成水中的微生物泛滥，最终导致水生态被破坏，所以我们应该尽量使用无磷的洗衣粉或肥皂。"我说，"请听第三题，我们身边除了日常生活中存在污染问题，在外出旅游中也会发现乱扔果皮纸屑等不环保的现象。那么被游客随意丢弃的垃圾中，以下哪一项不是白色污染？ A.塑料袋；B.纸巾；C.泡沫餐具；D.酸奶杯。"

"我选B，因为纸巾可以降解。"王俊月说。

"回答正确。虽然纸巾可以降解，但我们也不应该乱扔，而且为了节约森林资源应该少用纸巾，作为未来旅游业的从业人员，我们也应向身边人和游客推广'少用纸巾，重拾手帕'的环保举动。"

说着，我开启了最后一题："请听最后一道抢答题，这是一道问答题，请问：我国的环保举报热线电话是多少？"

这一题考住了大家。同学们抓耳挠腮，一时没有想出正确的号码。

我微笑着说："没关系，老师来公布答案。国家环保总局为了加强环保举报工作的规范化管理，畅通群众举报渠道，维护和保障人民群众的合法环境权益，自 2001 年起在全国开通的统一环保举报热线电话是'12369'，2015 年又开通了'12369 环保举报'微信公众号。同学们今后如果遇到环境污染的问题，个人无法解决时，就可以通过拨打投诉电话、登录微信公众号等方式，告知有关部门来解决。"

接下来我邀请两名同学结合旅游专业的特点谈一谈如何保护环境。

于晓云说："我毕业后想去旅行社当导游。当我带团到景点时，我会向游客介绍当地的风土人情，会向游客宣传要注意保护环境，并以身作则，不随手丢垃圾。不带游客购买野生动物制品。在游客拍照的时候提醒游客不要破坏植被。"

苏昕说："旅游专业可就职的企业很多，首先是旅行社，还有酒店、餐厅、民宿、游乐场等。我们在入职前就应该有所甄别，不选择那些对环境生态有害的企业。比如，有的餐厅为顾客提供用保护动物制作的料理，这样虽可获得高利润，但却属于违法犯罪。只注重眼前利益，不顾长久利益的企业未来也不会有好的发展，我不会选择去这样的企业工作。"

"两位同学说得非常好，不仅从职业角度谈到了自己应该如何保护环境，还能结合我们的职业特点去宣传环保、践行环保。你们谈到的都是将来我们要做的，其实现在我们就是行动者，例如：不乱扔垃圾、不使用塑料袋和快餐盒、节省纸张、及时举报不环保行为，等等。"我总结道，"因为我们每一个人都是美丽中国的行动者，让我们从身边做起，从现在做起，我相信在我们共同的努力下，我们的环境一定会变得更加美好！"

48. 孩子们，有你们我不怕

四川省广汉中学　杨汉英

自习课我到班级检查纪律时，看见几位同学凑在一起说话，还有同学在下象棋，班长胡来临，居然在和旁边的伙伴刘琪"畅聊人生"！想起这段时间学生们在生活上、学习上的涣散怠慢，再想想他们还是通过考试选拔出来的全市"精英"，我顿感头热、胸闷。脸一黑，走上讲台劈头盖脸对他们一顿痛批，教室里瞬间安静了。

火发了，情绪宣泄了，学生也不说话了，好似一切问题都解决了，然而就在我把班长和刘琪叫到办公室严厉教训一通后，刘琪闷声闷气地说道："杨老师，我觉得你根本就不信任我们……"

当我静下来听完刘琪的陈述后，我才意识到，因为表达感情的方式不当，沟通不及时，导致孩子们对我产生了误会，这应该就是我的种种"施政"无效的原因了。我想我一定要尽快把这个结解开。

是直接"表白"吗？但转念一想，我每天的"表白"还不够多吗？这时我突然想到了拓展活动中的"背摔"，想起180多斤的班长胡来临从高处背摔下来被下面十几个同学稳稳接住的情景。"背摔者"除了需要勇气外，更多的是对同伴的充分信任。

于是在班会课时，我让学生把桌子拉开，将从体育器材保管老师那里借来的两张海绵垫重叠着铺在教室中间，同学们的脸上写满了疑惑："杨老师这是要闹哪一出？"我又请学生把两张桌子拼在一起，在上面又放了一张桌子，大家更是面面相觑。

我说:"同学们,我们已经进入高二,这一路走来,我们共同成长,在失败中总结了经验,在困难中采掘了力量,在动摇中培育了信心,取得了进步,也获得了荣誉,是什么让我们从陌生到如同家人的呢?""团结、协作和杨老师的陪伴。""同学、老师们的无私奉献。""共同的目标。""同学之间的信任,我们和杨老师之间的互信。"同学们七嘴八舌地说。

"同学们说得很到位,谈到信任,我想起拓展训练中的'背摔',我们先一起来观看一下胡来临同学的'背摔'视频吧。"同学们饶有兴致地看着并发出"哇"的感叹声。观看完毕,我请胡来临回顾他的感受,他说:"当时非常紧张害怕,我 180 多斤,我们组女生多,男生又瘦弱,真怕他们接不住,但我们有缘在一个组,应该互相信任,最后我还是把自己交给了他们。"

我紧接着说:"今天我要'背摔',你们谁来接我?"当听到我要"背摔"时,大家全蒙了,随后七嘴八舌地讨论:"杨老师那么重,我们行不?""好紧张,好吓人!""没有任何保护,接不住咋办,摔了怎么办?"大家很是担心。

一阵议论后,刘琪第一个站出来说"我来",随后是班长说"我来",接下来,全班同学都聚拢过来,互相指导并规范动作,二十几个男同学按要求连成长队,十几名女同学站在外围手推男同学的背部以保持稳定,还有一位女同学被专门安排接我的头,此时我也慢慢站上桌子,并背朝孩子们。我的头碰到了房梁,腿也有点抖,心跳加速,既紧张又害怕,脑子里一片空白,只听到背后队伍调整的声音。我闭眼让自己冷静了一下,然后大声问:"孩子们,你们准备好了吗?"孩子们大声而整齐地回答:"准备好了!"我更大声地问:"准备好了吗?"孩子们也更洪亮地回答:"准备好了!"我深吸了一口气,大喊一声:"孩子们,有你们我不怕!我来了!"我应声倒下,没有一丝犹豫,我被同学们稳稳地接住了。

"先放脚,先放脚,把杨老师的身体立起来。"当我平稳地站到地上时,教室里顿时爆发出热烈的掌声,这掌声既是对顺利接住我的庆祝,又是对我勇气的赞许，更是对我深深信任他们的回应，瞬间，我们的心近了。

大家各自回到座位上，深深地舒了口气，我的腿有点软，但更多的是激动，我克制着自己的情绪，请同学们分享自己的体会。

胡来临说："我在初中是个内向的人，别人安排我做什么就做什么，是杨老师鼓励我去竞选拓展队的队长，然后又将班长这一重任交给我，是您的信任和鼓励让我在班级管理上从一张白纸到逐渐得心应手，请您相信我，我一定全心全意为班级服务，及时和您沟通，和其他班委同心协作，遇到困难不再退缩了。"

吕晶鑫说："说实话，知道杨老师要'背摔'时，我有点蒙，简直意外。虽说整个过程我只搭了一下手，但我很清楚地记得杨老师说了句'有你们我不怕'，我特别感动，毕竟在教室没有保护措施，这种信任很可贵。我想要报答老师的信任，唯有认真学习，也要搞好班风，不让您太操劳。"

一向不多言的"绅士"马林峻说："对于一个将自己毫无保留地交给学生的'老妈'，我们当然相信啊！心里只是信任了。"

唐影谈到"信任是相信并托付，师生之间亦如此。以前我不是特别赞同杨老师的做法，但现在想到您是为我们好……"，说着哽咽了。

乖乖女黄琪洁看着我，说："知道您要'背摔'，我有些心酸，您倒下的一刹那，我很感动，您对我们的信任比我想象的还要多。您坚毅的背影我永远不会忘，刚才我不想您受伤，加大了我手上的力量，以后在学习生活方面我想多与您交流，多听您的意见，因为我不想辜负您的信任。"

平时总是最后一名，还老和我对着干的杜文博还是一贯的笑嘻嘻的表情，说："其实在杨老师落下来时，我心里也没想啥，就想着不要受伤就好，不过下次有机会我也想接一下杨老师。"

班上的同学都开心地大笑起来，第一个站出来接我却并未发言的刘琪此时向我投来尊敬而信任的目光，我想他心里的结应该慢慢解开了。

到此，我也动情地表达了我的心意："一直以来，由于我言行表达上的欠妥，考虑问题、处理事情的角度和大家有所不同，又未与大家适时沟通，让你们误以为我不信任且低看你们了。其实，每逢我遇到困难、感到委屈、想要放弃时，是你们的理解、支持和默默鼓励让我又坚强地走下去。所以今天我想告诉大家，无论顺境逆境，我一直以来都没有怀疑过大家。再多的失败和困难，我都相信你们有能力克服。唐僧师徒历经艰难险阻方取得真经，高考之路崎岖坎坷，但我们师徒一路相携，不离不弃，相信一定也可以取得'真经'。孩子们，有你们我不怕！另外，我也想说，有我，你们不要怕！"

掌声响起，我们的笑容更明媚了。

课后有很多同学给我写信，平时不爱打招呼的同学老远就招呼我，有更多的同学愿意和我沟通谈心，我们更加信任对方，更愿意从对方的角度考虑问题。我也在改变自己的治班方法、沟通方式、语言表达，学会更智慧地与孩子们交流。我想，因为信任，活动才万无一失；因为信任，才感受到被保护的温暖；因为信任，才让一个班如一家人一般。

与其说这是我为孩子们准备的班会课，不如说是我和孩子们的心灵对话，也是孩子们给了我又一次认识和历练自己的宝贵机会。

（编者：我们为杨老师的赤诚之心感动。但"信任背摔"需作好专业的准备，没有把握，切勿简单操作，以免发生伤害事故。）

49. 这样的朋友，值得拥有

辽宁省大连综合中等专业学校　王海欧

新春伊始，央视推出首档大型诗词音乐节目《经典咏流传》，多元立体的演绎和高雅生动的风格让人耳目一新，也令我深受启发：对青少年而言，在日常学习生活中，有关传统文化渗透和德育空间的创设都需要与时俱进、协调发展。为了让我们的学生也能吸取其精华，我便以微班会的形式，开展了系列主题教育。《这样的朋友，值得拥有》便是其中之一。

在收看《经典咏流传》第 8 期时，我初识虚拟歌手洛天依。其中国风的装扮和美妙绝伦的表演让我惊艳，节目中现代科技与传统文化的深度融合更让我震撼。于是，我马上"百度"，得知"洛天依"的名字取自"华风夏韵，洛水天依"，其人设的寓意深远悠长，是非常受青少年喜爱的二次元形象。主流媒体通过 4D 全息投影技术对她施以创新呈现，引发了更为广泛的热议和关注。我兴奋地确信，这样的朋友，值得拥有！她必将成为我和学生们教学相长的良师益友。

于是，在次日的班会课上，我一边故作神秘地告诉学生，要向大家介绍一位特别可爱迷人的新朋友，一边打开多媒体设备，说："也许你们早就认识她，但是说实话，老师可对她一见倾心啊！这位朋友简直太有魅力啦！"为了让她来个惊喜亮相，我决定让他们未见其人，先闻其声。

此时同学们好奇地瞪大眼睛，伸着脖子。我点开音频，婉转悠扬的歌声荡漾在春光明媚的时空里。

"电子音，非人类。"

"《水调歌头》，真好听！"

"哦，我知道，我猜出是谁啦！"

同学们七嘴八舌地议论起来。

还有些同学则竖起耳朵，一脸迷惑，甚至张开了嘴巴，眼眸里闪烁着渴望的光芒，似乎在说：老师啊，您可别卖关子啦，快点介绍介绍吧！

我这才把大屏幕切换为可视状态，灵动可人的洛天依载歌载舞地跃入同学们的眼前。

"哇，真是她！洛天依。"

"她不是二次元动漫形象吗？咋还会唱歌了？"

"她本来就是个电子歌手，我早就喜欢她了，现在又出新歌啦，还是中国风的呀，真好听！"

我观察到，尽管有的同学对此已有一知半解，但眼神儿迷茫的依旧不少。我说："看来，有些同学跟老师一样，以前并不认识她，但是也有几位同学对她有一定的了解，那就请你们先向大家介绍一下吧，总比老师现学现卖的强"。

孙可悦踊跃地举手，起身说："我初中时就认识她，还画过她的漫画。她是 Vsinger 旗下的虚拟歌手，2012 年问世，她是拥有治愈系声线的二次元少女。她和周华健在江苏卫视跨年晚会演唱《冰雪奇缘》主题曲，英文的，特别炫！但是今天，我头一回听她唱中国诗词，竟然也这么好听！"

看着同学们意犹未尽的样子，我感叹道："是啊，老师跟你们一样，一下子就迷上她了，甚至从昨晚到现在，还挺激动的。为什么呢？因为我真是被她惊艳到了，而且我坚信，有了她的带动和影响，咱们大家学习中国诗词会更有趣。这样的朋友，值得拥有！现在请大家看两张图片，比较一下有何不同。"（屏幕上弹出两张不同装扮的洛天依，一个二次元、一个中国风。）

初韵达答道："两个形象都很好，但我更喜欢中国风的，配上刚才的歌曲，如梦如幻啊！"同学们纷纷点头赞同。

"大家喜欢这位新朋友吗？"我紧接着问道。

"喜欢——"同学们异口同声地回答。

我又打开了链接文档，主要内容是介绍"洛天依"的技术开发历程和其中国风演绎带来的市场效应以及社会反响。

同学们一边看，我一边问："咱们可都是数字媒体专业的，在技术学习与应用上可得受启发啊！俗话说'外行看热闹，内行看门道'，大家怎么想？洛天依为什么这么可爱、迷人？这样的朋友，为什么值得拥有？"

"造型好，人设好，匹配中国风。既有我们中华民族的东方美，又有现代美。"

"对啊，我也这么认为。声音空灵，仙女下凡。"

"虚拟现实，高端技术，牛！我也要学会！"

同学们兴致高涨，我继续讲道："对啊，这是用最先进的 4D 全息投影技术和智能音库等数字媒体技术实现的，是现代科技与中国传统文化的深度融合与巧妙创新，唯美之极啊！看来，大家学好专业技术，将来大有用武之地。而且，我们必须热爱咱中国优秀的传统文化，多学习，提高审美能力、丰富生活情趣、树立文化自信，才能在传承中有更多更好的创新发展！对此，大家有没有信心？"

"有——"同学们神采奕奕地大声回应。

"好，老师为你们加油！努力吧，孩子们！像洛天依这样可爱迷人的朋友，值得拥有！与她为伴，我们的学习生活将更加精彩，更加美好！"

50. 父亲、儿子和麻雀

河北省邢台市第七中学　李汝静

　　在与家长的沟通中，我了解到，有些学生同父母交流时经常会表现出不耐烦，语气冲，甚至直接顶撞父母的现象，父母感觉伤心而又无奈。

　　高一的学生越来越独立了，他们希望被尊重，被平等地对待。但有些父母和孩子沟通时，使用的方式过于简单，甚至粗暴，才导致了孩子不耐烦或者顶撞。我和家长分享了"非暴力沟通"的方法，家长们都表示愿意尝试和改变。

　　那么，怎样让同学们也意识到这个问题呢？我想起了微视频《父亲、儿子和麻雀》，便作了些准备。

　　班会课上，我将视频放给学生看。视频讲述了一个温馨感人的故事：

　　儿子陪伴年迈的父亲在院子里休息，一只麻雀在树丛里跳来跳去。老父亲问儿子："那是什么？"儿子一边看报纸，一边不假思索地回答："麻雀。"老父亲又问道："那是什么？"儿子略显不耐烦地回应："麻雀，那是只麻雀。"老父亲第三次又问："那是什么？"这次，儿子很是烦躁，大喊道："麻雀，那就是一只麻雀。"当老父亲第四次问同样的问题时，儿子简直要从椅子上跳起来，他一边比画一边大声嚷："你为什么这个样子，我告诉你多少次了，那是一只麻雀，你没有听进去吗？"说着他气急败坏地将报纸扔在地上。

　　看着暴躁的儿子，老父亲慢慢起身走进屋里。他拿出一个日记本，翻到一页，递给儿子，让他大声读出来。原来，那是父亲记录儿子成长的一篇日记。儿子3岁时也问过父亲："那是什么？"他问了21遍，而父亲耐心又开心地回答了21遍："那是麻雀。"儿子读完日记，愧疚不已，紧紧地将老父亲拥入怀中……

当老父亲起身回屋时，我暂停了，请同学们猜测老父亲干什么去了。

小楠说："父亲伤心了，回屋不理他儿子了。"

亚林说："父亲回屋拿棍子去，要打他儿子。"

同学们听了都笑了。

然而最后儿子将父亲紧紧拥入怀中时，我看到同学们都陷入了沉思，甚至，有些同学眼睛湿润了。

"看完这个微视频，你有什么感受？请静静地体会一下。"我引导同学们体会自己的感受。同学们还沉浸在刚才的情绪中，教室里非常安静。

"这个视频让你想到发生在你与父母之间的哪些事情？"我又引导学生回忆自己和父母的故事。

教室里依然很安静，我能感受到同学们在认真地回忆，默默地感受。

"请大家分享一下自己的感受和故事好吗？"

丽娜站了起来："看了这个视频，我感到很愧疚。昨天晚上，我还和妈妈吵了一架，嫌她太爱唠叨。我想起了小时候，妈妈陪我练琴，她总是很认真地听课，回家耐心地指导我。我觉得对不起妈妈。我回家要向她道歉。"

晓风分享道："我看了这个视频感到很温暖，很幸福！我的爸爸妈妈从小就很尊重我，几乎没有批评打骂过我，总是很有耐心。就是我考试没有考好，他们都是鼓励我，和我一起找原因。我特别感谢他们。以后，我要好好孝敬他们。"

建良说："我爸脾气不太好，总是训我，但是，我知道他是爱我的。我小时候有一次夜里发烧，打不到车，我爸骑车带着我和妈妈到医院，又背着我上楼看病。我印象特别深的是，他累得气喘吁吁，头上的汗都顺着脸往下淌。所以，当他说我时，我就想着这件事，不和他争吵。"

同学们敞开心扉，踊跃分享，有些出乎我的预料。我想这个微视频真正触动了他们的心灵。于是，我又进一步引导："从大家的分享中，我感受到了父母对你们的那份爱。你们的分享也充满了对父母的理解和感恩，这份感情让我很感动。我想，如果你们把这些话说给爸爸妈妈听，他们也一定会很感动的！"

同学们点点头，我看到他们脸上洋溢出暖暖的微笑。

"你还可以做些什么，能够让父母也感受到你的爱，能够让你和父母的关系更加亲密呢？"我启发同学们寻找与父母沟通、学会表达爱的方法。

同学们思维活跃，积极发言，想出了一些好方法。如：为以前顶撞父母而道歉，拥抱父母；为父母做一顿饭；给父母写一封感恩信；在父母生日或者父亲节、母亲节送上神秘礼物；管理好自己的生活和学习，让父母放心；等等。

"同学们想到的方法都不错，值得表扬！不过，我了解到，咱们班有的同学听不得父母的说教，一说就想急，甚至还和父母争吵、顶撞，令父母很伤心、很无奈。以后再遇到这样的情况，我建议先听父母把话讲完，再表达自己的想法；表达自己的想法时，要控制自己的情绪，不要喊叫，更不能顶撞父母；如果父母情绪激动，就先主动道歉，等他们气消了，再表达自己的想法；多想想父母为自己的付出，心理上就会更理解父母了。"

我稍作停顿，又笑着说："我给你们家长介绍过'非暴力沟通'，今天也向你们推荐《非暴力沟通》这本书，相信你们同样会有收获。课后还有一项作业，是选择自己喜欢的方式向父母表达爱，并不断实践大家总结出来的沟通方法。这个作业不需要明天交，我将不定期检查。相信大家都能很好地完成。"

班会后，同学们选择自己喜欢的方式和父母作了交流，家长的反馈也让我很兴奋。家长感觉孩子懂事了，容易沟通了。

51. 身边的"绰号"

山西省平遥现代工程技术学校　阴　丽

　　我班的李文智同学一直乐观积极，可最近却郁郁寡欢。

　　在与他聊天中了解到，同学们因为他平时说话咬字不清，给他起了一个"小结巴"的绰号，他觉得这让他抬不起头来。这不由得让我想起前段时间班级出现的一次打架事件也源于同学之间互起绰号。

　　为此，我会同班委对班级内起绰号的情况进行收集整理，在整理中发现的确有很多具有侮辱性质的绰号，如："簸箕""大炮""筛子""一只耳"等等，甚至还有升级版本："狗腿子""藏獒"。这些恶意的绰号明显已经具有了校园欺凌倾向，为防止进一步激化矛盾，我决定在班内召开一次微班会。

　　班会课上，我将提前准备好的视频《沉默的小周》播放给学生看。视频的主人公小周，在一次比赛吃早餐的玩闹中，有了一个让人厌恶的绰号："周大嘴"。后来又因他狂笑的时候嘴很大，急性子的他时常"抢答"，绰号也就升级为"周多嘴"（在平遥的方言中"大"的发音和普通话中的"多"是一样的）。后来大家都这么叫他，"周多嘴、周多嘴……"充斥在他生活的每个角落。他一度觉得自己是不是真的很多嘴，是不是很招人烦。他开始变得沉默，教室里再也没有了他爽朗的笑声。

　　看完视频后，我问大家："看了视频，大家有什么感受？"

　　张津玮说："要是我有这样的绰号，估计都不想出门见人了。"

　　王海航说："这样侮辱人的绰号，换作我肯定想找人打架。"

范竞芳说："如果我的同学因为我起绰号变得如此落寞，我肯定会后悔自责的。"

平时爱给别人起绰号的郭昌玮说："平时顺嘴瞎叫，没想到真的会对别人造成伤害，以后真的要管住自己的嘴了。"

我说："看来大家都明白起侮辱性的绰号是不尊重同学，拿别人的某些生理和心理特征取笑逗乐，是轻视人的不道德行为。而且根据《中华人民共和国民法通则》规定公民享有名誉权，这样的行为是违法的。"

学生们听了，有的涨红了脸，默默地低下了头。

接着，我按下了手中的播放键，一张张特殊的脸展现出来，第一张，"额头宽而扁平"；第二张，"颧骨突出"；第三张，"扁嘴巴"。面对不同的脸，学生们都觉得不好看、好笑，还有几位捣蛋的学生又不小心说出了怪异的名称，其他同学纷纷侧目，这几位学生突然脸红、安静下来。

接着我把三张图片依次重叠，一张熟悉的脸，呈现在大家面前——马云！

这时我说："对于我们所熟知的商业巨头马云，他长相不太好看，曾经成绩也差，创业时不被认可，为此被叫过蚂蚁、孙悟空、外星人、阿淘兄弟，但大家更多的是看到了他的幽默、努力与成功，对他正面的称呼也更多，比如马天行、风清扬、马半城、马云爸爸、马老师。其实，绰号是一个中性词，善意的绰号不但可以拉近同学之间的情谊，还可以激励他向更好的方向发展。"

这时同学们也积极发言。张津玮说："看前三张图，真的想不到这是我们的国民爸爸——马云。"郭朝阳说："如果只看前三张图，我们会根据他的外表来下定义，不曾想后面却隐藏着一位商业精英。"王海航说："我觉得作为马云本人肯定乐意听大家叫他国民爸爸或商业精英，换作我也愿意听。"王开盛说："我们平时总盯着别人的缺点不放，却忽视了别人身上的闪光点。"韩昊江说："我们以前看人太过片面，给别人起了很多不好的绰号，现在看来真的有些过分。"

听了同学们的感言，我说："不要以别人的短处来定义别人，要学会欣赏别人优秀的一面。绰号是一个中性词，善意的绰号、昵称可以拉近同学之间的情谊，恶意的绰号会伤害同学的自尊。受害者面对这种无端的心理压力，只会用忍让换取一时的风平浪静，长此下去很容易激化矛盾。我们要清理好自己内心的那些低级逗乐，让那些流言蜚语的土壤消亡，让善意的'昵称'生根发芽。"

接着我将问题抛给大家：看来同学们都对绰号有了正确的认识，可据我了解，咱们班有的同学不喜欢他们现在的绰号，大家看应该怎么解决呢？

这时闫姿君提议：老师，要不咱们根据他们的优点给他们重新起一个好听的名字吧。这个建议得到了大家的响应，同学们根据当事人的优点起一个新的名字，当事人拥有选择及否定权，最终选一个自己喜欢的名字。

在一番讨论评选之后，曾经被叫"肥猪"的同学选择了"军歌王子"，曾经被叫"一只耳"的同学选择了"智多星"，李文智同学也更名为"金点子"，大家还为视频的主人公"周大嘴"更名为"神辩手"。一节微班会课在大家会心的微笑中结束了。

52. 英雄，从未远去

重庆市中山外国语学校　刘　颖

清明节后，一返校，我就问学生们假期过得怎么样，教室里立刻炸开了锅。

陈欣怡说："爸爸妈妈带我去给我奶奶扫墓了。"邹红燕说："我约我的好友踏青了。"刘冬唉声叹气地说："假期那么多作业，我又埋在作业堆里了。"

"有没有其他安排，比如给英烈们扫墓献花？"我问。学生们异口同声地回答说没有。

清明节已被列入国家级非物质文化遗产保护名录，体现了国家对传统民俗节日的重视。这一天全国各地都有祭祀的习俗，通过祭祀活动寄托我们对先人、先贤、先烈的追思之情。听着学生们的回答，我想，作为高中生，特别是重点高中的学生，清明时节除了缅怀我们的先人以外，还应该缅怀英雄先烈。我想补上一节关于清明缅怀的微班会很有必要。

晚自习时，我提前走进教室，看到孩子们都在埋头做作业，没有打扰他们，转身在黑板上写下"英雄"二字。

自习课铃声响起，我比平时站得更挺立。学生们用诧异的眼光看着我，看着黑板上的字，等着我说话。

"高山仰止，景行行止。虽不能至，然心向往之。致我们的英雄。"我问学生，"谁是英雄呢？"

学生们七嘴八舌地讨论起来谁是英雄。

"危难关头，舍生取义的是谁？关键时刻，勇于牺牲的是谁？他们有个共同的名字，那就是英雄。清明时节，我们应追忆、缅怀他们。"我说。

陈彦蓉问："老师，你心中的英雄是谁？"

我没有回答，而是反问道："你们心中的英雄是谁呢？"

丁月说："王二小，抗日小英雄。"

邓佳堡说："杨利伟，他乘坐神舟五号飞船首次进入太空，推动了我们中国航天事业的发展。"教室里响起了热烈的掌声。

涂怀琏说："每个人心中对英雄的定义都是不一样的，每个人心中的英雄也是不一样的。有人认为为国捐躯的，做出可歌可泣、轰轰烈烈事迹的人才是英雄，我认为凡是为祖国和人民作出贡献的有无私奉献精神的人都是我心中的英雄。"

教室里再次响起了热烈的掌声。

"说得好！灾难面前不畏惧，困难面前不气馁，牺牲面前不后悔，他们就是我们心中的英雄！还有这样的英雄我们不应该忘记——"说着我便放了一首剪辑了的歌曲《妈妈，我等了你二十年》。

学生们一下子就被这首歌感动了。我便讲起这首歌的背景资料：1984年4月28日在对越自卫反击战中，来自云南省嵩明县的原35207部队58分队战士赵占英牺牲了，年仅20岁。赵占英牺牲20年后，他的妈妈在侄儿媳的陪同下第一次来到云南麻栗坡烈士陵园看望自己的儿子。

好多孩子的眼里噙满了泪水。我趁热打铁说："孩子们，今天我们怀念赵占英这位保家卫国、为国牺牲的铁骨男儿，而麻栗坡烈士陵墓园还埋葬着900多位当年在老山作战牺牲的烈士啊！常常有人感叹：这是一个缺少英雄的时代，然而有些人却用生命在向我们诠释这个时代有英雄。古有抗金英雄岳飞、抗倭英雄戚继光；今有抗洪英雄李向群、抗击非典的白衣天使叶欣；古有巾帼英雄花木兰、穆桂英；今有巾帼英雄赵一曼、江竹筠。"

看着学生们坚毅的眼神，我说："孩子们，英雄在和平年代弥足珍贵，我们不缺乏英雄，只是我们没有留意，他们就在我们的身边。党的十八大以来，习近平总书记踏寻英雄、缅怀英烈的足迹遍布大江南北。一个个深深鞠躬，一次次深情仰望，是习总书记对历史的缅怀、对英烈的追思。习总书记都在身体力行，我们是不是也应该行动起来呢？"

学生们都一个劲儿地点头。

"那我们应该以哪种形式来缅怀我们的英雄先烈呢？"

梅冯念说："祭扫。"

刘生说："献花。"

蒲婉林说："我们应该努力学习，支撑起民族的脊梁，才能对得起逝去的英雄们所作出的牺牲。"教室里又一次响起了热烈的掌声。

"一个有希望的民族不能没有英雄，一个有前途的国家不能没有先锋。孩子们，随着年龄的增长，让英雄的鲜血在我们的身上流淌，让英雄的情怀在我们心中传承。请记住，以后清明时节，我们除了祭奠家里逝去的亲人，还要缅怀英烈。缅怀的方式很多，低碳祭扫已开始深入人心了，网上祭祀、时空信箱等方式都是不错的选择。"我说，"英雄从未远去，让我们追寻他们的足迹，一路向前吧！"

53. 我们要试一试

浙江省松阳县职业中等专业学校　刘淑珍

每年的春末夏初，是中职校二年级学生的考证季。今年 5 月 6 日，是我班在内的 10 个班级理论统一考试的时间。可到了 4 月初，早读课上背专业理论的同学不是很多，有的同学索性说不会背。专业老师告诉我，有部分学生在技能训练时怕苦，不肯花气力去操作，总是说不会做。看来，我有必要组织学生召开"考证总动员"系列微班会了。

主意打定后，我召集班干部，让他们准备表演一个小品。我还找了史蒂夫·凯斯的故事《没试过怎么知道不行》。这个故事很契合这次微班会的主题。

简短的开场白后，我先请同学们观看小品表演。

晨读课，学习委员组织同学们复习理论考试内容，有同学埋头背诵，有同桌采用问答式复习。可小明不复习，还在随便说话。班主任提醒他，他满不在乎地说：老师，我记不住。

电工实训课上，同学们在老师的指导下开始接线了，可是小强却在一旁发呆。老师问他怎么不操作，他摇摇头说：老师，我不会做。结果，周围的同学已经完成多道工序了，他还是保持原样。

表演吸引了同学们的注意力，特别是当扮演小明和小强的同学表演时，有许多同学用眼睛的余光看向几个同学。

我便发问：“这个小品中的小明、小强，大家是不是似曾相识？”

性格外向的黄金方不假思索地说“就是×××，×××，他们很像小明和小强”。

看来，小品表演的目标达成了。于是我趁热打铁，让同学们一起来阅读《没试过怎么知道不行》这个故事：

史蒂夫·凯斯是商界的一位风云人物，小时候就胸怀大志，他很小的时候，就雄心勃勃地想要开一家公司。父母都觉得不可能，劝他不要做。可是他理直气壮地说：“没有试过，你们怎么知道我不行呢？”没过多久，他还真的和哥哥开了一家公司，还起了一个霸气十足的名字“凯斯企业”。

大学毕业后，凯斯异想天开地想去宝洁公司上班，并且是奔着经理一职。被拒绝后，他很不服气地对考官说：“你没有用我，怎么知道我干不好呢？”后来，他去了宝洁公司总部。凭着一股子牛劲，凯斯硬是争取到了面试的资格，并成功当上了助理品牌经理。

27岁那年，凯斯又想开一家像微软、像苹果那样的大公司。很多人都笑他狂妄自大，不知天高地厚。可凯斯却满不在乎地说：“没有试过，谁又能说我不能成为第二个盖茨和第二个乔布斯呢？”说干就干，“美国在线”在短短二十余年时间成为了全球第七大公司，市值超过了1600亿美元。

学生饶有兴趣地看着故事，我问：“你和史蒂夫·凯斯比，差距在哪里？”问题一抛出，同学们就议论开了。不少同学说，史蒂夫·凯斯是名人，我们没法比。

“史蒂夫·凯斯确实是名人，我们和他有差距。但史蒂夫·凯斯常说的三句话，我们有没有对自己说过？那就是‘没有试过，你们怎么知道我不行呢？’‘你没有用我，怎么知道我干不好呢？’‘没有试过，谁又能说我不能成为第二个盖茨和第二个乔布斯呢？’这种勇于尝试的精神是我们最缺乏的。我们确实难以取得史蒂夫·凯斯那样的成就，但人生在世，我们应该有史蒂夫·凯斯'我要试一试'的勇气。你们说呢？"

教室里一片静寂。我知道他们有所触动，就说道："来，让我们议议我们究竟该怎样做。"

同学们以小组为单位讨论起问题，我巡回检查时听到有同学结合故事谈起自己的差距，有的同学还对说"不会背""不会做"的同学提出了善意的批评。

太好了，这不正是我想要的效果吗？

于是我总结道："凯斯从小就有'我要试一试'的勇气，这是值得我们学习的，也是我们和他的差距。"

这时金鑫大声地说："老师，我知道错了，我不能试都没试，就否定自己，我要好好记题库内容。"俊磊也说："老师，以后的技能课我一定会按要求去操作的，我不能轻易地说自己不会。"

"接下来我们怎么办？"我问道。

"我们要试一试。"全班同学异口同声地说。

"好，我们要试一试！"我称赞道，"下一次微班会，我们再来分享考证备考的技巧，相信它能助力同学们考证成功。"

54. 奋斗的青春最美丽

河北省邢台市第七中学　闫韵铮

夏日来临，铄石流金，北方的天气对人们是个不小的考验。在动辄30多度的高温天气里，坐在只有电扇悠悠转动的教室里，学生们一边躁动着，一边昏昏欲睡。

针对上课睡觉的问题，在科任老师多次"惩罚"未果后，我开始着急。我自己想了些办法，也找了几个老班主任求教。挑"顽固分子"谈话、打扫卫生、罚站、拎去洗脸等方法齐上阵，但都收效甚微。于是我开始盯班，观察学生的上课状态。我发现：刚打瞌睡时，有些学生能及时采取措施，动一动、喝口水等。但是，有些学生在小小的挣扎一下后，就"心安理得"地倒下了。另外，还有些学生即使没有睡觉，也在借机搞一些小动作。我感觉，这可能是学生对学习没有"求生欲"和紧迫感，认为一节课或几节课的时间不会影响到什么，不足以对他的知识链产生影响，甚至有些学生认为自己学不好，在犹豫要不要放弃。针对这一问题，我决定在紧张的高二召开一次微班会，主题为"奋斗的青春最美丽"。

课上，我先亮出一张网上流传的照片。照片上两个高年级学生和一个小学生在一起罚站，他们还进行了对话："哥哥，你们为什么被罚站？""因为上课睡觉。你为什么被罚站？""因为不好好睡觉。"

看着照片，同学们哈哈一笑。

我问："你们对这张照片有什么看法？"

"不是想干什么就能干什么，要遵守规则。"

"珍惜现在，不要等过去了，再羡慕。"

学生们的发散思维离题没有万里，也有百里了。我及时委婉打住："一千个读者就有一千个哈姆雷特，每个人都会有自己的看法，我在看到这张照片时也有个看法：在该睡觉的年龄就睡觉，在该努力的年龄就应该努力。在该做什么的年龄就去做什么，不要总是羡慕别人、遗憾过去。"

学生们可能意识到我要说什么，都不说话了。

我展示了一张科比的照片，又问："大家认识科比吗？"

班里的男生们高声应道："认识！"

"你们对他有哪些了解？"我追问。

篮球特长生邓鑫站起来说："我很喜欢他，他是我的偶像，我因为他从初中就加入了篮球队。"

因为我对运动关注甚少，为了能和学生无障碍交流，就从比较熟悉的、学生感兴趣的项目入手，所以选择了科比。邓鑫对科比的喜爱正中下怀，我顺势介绍了科比的经历。在介绍完之后，我还贴出了一段网上流传的科比和记者的谈话：

> "你为什么能够如此成功呢？"记者询问科比。
>
> "那你知道洛杉矶凌晨四点的样子吗？"
>
> "我不知道，洛杉矶凌晨四点是什么样子？"
>
> "洛杉矶每天的凌晨四点都还是黑暗的，但此时我已经起床，行走在洛杉矶黑暗的街道上了。一天过去了，洛杉矶的黑暗未有任何改变；两天过去了，黑暗依旧，不曾改变……十多年过去了，洛杉矶凌晨四点的黑暗依旧如初。"

我说："很多人都羡慕别人的成功，可有谁看到别人成功背后的努力了呢？"

紧接着，我又展示了一张网上的照片，是前段时间网上流传的哈佛大学图书馆的照片，灯火通明，很多人在挑灯读书。学生们也对这张照片印象深刻。我又提起我国古代"头悬梁，锥刺股"的故事。我问大家有何看法，同学们回答说：

　　"那么厉害的人还在努力，我们有什么理由安逸。"

　　"学无止境。有条件要学习，没有条件也要创造条件学习。"

　　"没有人的成功是偶然的，那都是努力的必然。"

　　"成功没有捷径，只有勤奋。"

　　学生们说得很热闹，趁着这股热情，我说："其实大家都会困，只是在一些人心里，有比睡觉更迫切的事让他们为之坚持，那就是奋斗的青春最美丽。在越来越炎热的夏天，该怎么解决打瞌睡的问题呢？"

　　洗脸、自觉起立、同桌提醒、晚上按时作息、自虐等"常规"和"非常规"的方法被一一提出。

　　还有的学生提出可以采用写口号、标语的方法激励自己。

　　"没有别人阻挡，只怕自己投降。"

　　"扛得住就扛，扛不住死扛。"

　　听了学生们的交流，虽然可能是当下这一刻的热情，但我也很激动，于是总结道："口号要喊起来，更要放到心里，不要在应该努力的年龄选择安逸。对于高二的我们来说，学习是一件有时效性的事，留给我们的时间不多了，禁不起浪费。所以，我们要保持决战的心态，在遇到困难时，在想要缓一缓、歇一歇的时候，希望你们能用各种方法自救，用奋斗成就最美青春。"

55. 意外中发现珍奇

广东省深圳市第二职业技术学校　朱素娜

　　璀璨的灯光下，"唱享青春"班歌合唱决赛正如火如荼地进行着。人人参与，合作争先，排练近一个月后，我们 5 班的孩子，终于闪亮登场了。随着班歌《最美的期待》伴奏响起，他们是如此的投入。

　　谁料，意外发生了！音乐突然卡了，同学们一时慌乱，但很快在领唱的带领下，努力紧跟时快时慢的节奏，用微笑掩盖不安，"淡定"地演出完毕。一下台，便有学生跑去主办方那里，指责他们不负责任，没有提前调试好伴奏，搞砸了我们的表演。

　　比赛结束，回到班上，学生们依旧在不停地抱怨："都怪学生会的人，知道伴奏有问题，也不告诉我们，害得我们与第一名失之交臂！"

　　这种"受害者"的思维模式，推卸责任的态度要不得！考试考不好，怨老师教得不好，所以不想学；上课讲小话，怪同桌话多导致自己跟着讲；大扫除偷懒，就说不是我一个人这样，也不是我的错，大家都这样……

　　这不是一个很好的教育契机吗？引导学生摒弃"受害者"的思维模式，学会客观分析，承担责任，从自身找原因，从而在意外中发现珍奇，在挫败中获得宝贵的经验。

　　想到这里，我说："此刻，我非常明白大家的委屈，冷静下来，听我讲个小故事，好吗？"

　　同学们点了点头，不知老师葫芦里卖的什么药。

一位一岁多的小宝宝，蹒跚学步，走着，走着，不小心撞到桌子上，摔倒了。有妈妈会不由自主地冲过去，一边装作打桌子，一边安慰宝宝说："桌子不乖，把宝宝撞疼了，桌子该打。"也有妈妈会说："宝宝把桌子撞疼了，桌子没有眼睛，宝宝有眼睛呀，桌子不哭，宝宝下次一定会小心的！"

听完后，很多同学的表情由刚刚的愤怒变成了微笑。

我问道："如果是你，你会选择做哪一种家长？"

有的回答："当然是第二种啊！"也有的回答："小时候，我摔倒了，我妈妈就是边打桌子边安慰我的，现在想想真可笑。"

我追问道："这是一种什么心态？"

刘奎抢答说："拿桌子当替罪羊，推卸责任的心态。"

"说得真到位！问题出现时，如果一副受害者的心态，就只会推卸责任，不自觉地去指责别人。那如果换一种胜利者的心态呢？"同学们若有所思，大概明白了我的用意。

我停了停，深情地说："老师也会选择做第二类妈妈，虽心疼大家，努力争取的第一名飞走了，但仔细反思，伴奏出问题，我们自己有没有做得不够的地方？"

片刻沉默之后，董家瑜站起来说："我应再三跟进检查，以确保伴奏播放没问题。不能因为在班里电脑上播放过没问题，就掉以轻心。"

"很好！细节决定成败，比赛现场如战场，万事都要细致入微。遇到事情时，我们要积极自我归因，主动承担责任，寻求解决的办法。这就是胜利者的思考模式。"我追问道，"距离第一名，我们还有哪些不足？"

班长挠了挠脑袋，说："我觉得与第一名相比，他们的队形变换和班歌串烧改编让人耳目一新，舞蹈更有创意。"

"说得太棒了！同学们，遇挫时，如果我们能客观分析，从自身找原因，以胜利者的视角去思考，相信大家会收获更多！"

同学们点了点头。我趁热打铁追问："这次比赛你还收获了什么？在学习生活中，是否存在'受害者'思维？"

　　李欣峰举手说："以前班上大扫除，看到有人不积极，我也跟着偷懒了。但这次比赛，大家全力以赴，我觉得特别感动。记得全班充分利用课后时间，甚至牺牲午休时间排练，一遍不行，就练两遍，三遍……人人参与，尽心尽力，我连做梦都是在练班歌。"

　　卢钰汾也抢着说："以前我也曾抱怨过同学间的冷漠。这次比赛，我感受到真情和友谊，大家的心更近了。记得上场前，我们紧紧抱在一起，一边喊着紧张，一边又互相鼓励，特别是43只手叠在一起喊'123，5班加油！'时，我都快哭出来了。"

　　"对啊，这次比赛我们很团结，分工合作，张润安为加分练吉他，董家瑜废寝忘食地剪辑视频伴奏，钟丹丹、陈楠学抒情类舞蹈……团结能量无穷大。"陈慧婷激动地说道。

　　同学们还说："很享受班歌排练的过程。""为我们在伴奏发生意外时还能淡定演出，点赞！"

　　我看到很多同学眼眶含着泪，嘴角抿着微笑，拼命地在鼓掌，每个人都有收获，更有感动在其中。于是，我总结道："在学习生活中，我们应摒弃'受害者'的心态，客观分析，承担责任，积极自我归因。在挫败事件中发现更有价值的经验，磨炼'意外中发现珍奇'的能力，将不幸和变故变成幸运和财富！"

56.面对性骚扰

山东省青岛第十六中学　李慧英

处在花季雨季中的少男少女，对两性关系懵懂好奇，但在现实生活中，因为年龄尚幼、心理不成熟、社会经验不丰富，很有可能受到伤害，尤其是女生，可能会面临性骚扰的伤害。我班的一个女生在上学挤公交车时就曾经"遭遇"过性骚扰。她对这件事感到既羞辱又恼怒。因此，我决定跟学生聊聊这个话题，一则希望学生对"性骚扰"能有所了解，减少对这个话题的恐惧感和羞耻感；二则希望他们能增强自我保护意识和安全防范意识。

班会课上，我直入主题："同学们，今天我们讲一讲性骚扰。前不久，班里的一个女生在上学挤公交车时遭到性骚扰。"说到这里，我稍顿了顿，眼神扫过班里每一位同学。同学们的神情既吃惊又诧异，甚至有个别男生在窃窃私语。

"俗话说'说破无毒'，藏着掖着也无济于事。"我很严肃地说，"让我们先看一项对网民性骚扰调查的结果吧。一半的网民反映听过黄色笑话，给别人说黄色笑话也是一种性骚扰啊。所以要是有人，有个别男生跟女生说黄段子，严重的就属于性骚扰了，一定要注意自己的言行啊。"

听着我一本正经的话，有同学相视一笑，好像暴露了点什么，我接着说："调查发现，近三分之一的人反映遇到过有暴露癖的人或者在不情愿的情况下遭到不正常的身体接触。"

同学们静静地听着，我也在静静地观察着他们。

面对性骚扰

"然而根据调查显示，很多人遭遇性骚扰后，反应是不一样的。很多人选择沉默逃避，但难以消除对心灵的伤害。"说着我投影出几张图片，"同学们，'性骚扰'就是以带性暗示的言语动作，针对被骚扰对象，通常是加害者肢体碰触受害者性别特征部位，妨碍受害者行为自由并引发受害者抗拒反应。它就是我们平常说的'占便宜''吃豆腐''揩油''非礼''咸猪手'。根据地点场合来分，有校园性骚扰、公共场合性骚扰（如公交车、地铁、电梯等）、职场性骚扰等。从形式看，有肢体动作类的，还有言语类的。"

　　"近年来随着我国公民受教育水平的提高和法律意识的日益增强，这个过去'欲说还羞'的话题引起社会的广泛关注，也成为我们高中学生需正面接触的话题。如果真的遇到性骚扰，我们该如何应对呢？"

　　问题一抛出，女生表情稍显凝重，都在积极地思考；男生们也很严肃，但谁都不好意思打破这种沉默与静然。

　　"这样吧，"我顿了顿，调整了一下声调，"我给大家讲一下我的一位大学女同学亲历的性骚扰事件。上高中时，有一次她和两三个闺蜜一起出去玩，回来的有点晚了。在回家的路上，一个包裹着大衣的男人突然跳到她们面前，站在路灯下把大衣用双手往外一扯——里面一丝不挂，然后还朝着她们很得意地笑着。这样突然的事件可把她们几个吓坏了，这时我同学定了定神，朝那个暴露狂骂了一句'神经病！'，然后拉上她的闺蜜故作沉着地走开了。剩下那个暴露狂独自站在寒风中。"

　　"我那时候就特别佩服她，其实这种暴露狂会因为被骚扰者的害怕和恐惧更加得意而得寸进尺。所以，应对这样的事件唯有两个词：勇敢和智慧！"同学们的眼睛里有认可，也有思考。

　　"是的，同学们，我们在校园，环境总体是安宁的，但社会是复杂的。不少女性在公交车、地铁上都被色狼性骚扰过，遇到此类情况，我们应该怎么办？哪位女生说一下？"我示意小丽来回答。

　　"先用眼睛瞪他……如果他还蠢蠢欲动，就大声呵斥，引起别人的注意。"

"好的，你真勇敢，谢谢！"

接着我把目光转向男生："如果，万一，假设，有男生在公共场合遇到性骚扰，该怎么办？哪位男生代表回答一下？好，小澳来说吧。"

"我直接拿拳头揍他。"小澳略显脸红地站起来说，全班爆发出一阵笑声。

"对这样的话题我们说说笑笑可以，但现实是不能说笑的。我们的男同学，要做顶天立地、负责任的男人，万一遇到这种情况要挺身而出，尊重和保护女生，唯有这样才能收获友谊，不是吗？总之，如果遇到性骚扰，我们应该勇敢地瞪视对方，并大声斥责，绝不忍让，不给坏人以可乘之机；更要鼓起勇气，利用公共环境的影响力，借助大众的力量，运用智慧，坚决抵制类似这样的性骚扰。相信他们会知难而退，不敢再耍流氓了。相反，如果只是一味忍让，胆小怕事，只会助长恶人的气焰，自己会受到更大的侮辱和伤害。如果有同行者，可招呼同行者帮助拍照留取证据。对性骚扰，我们要大声地 say no，这样性骚扰才会 go away！"

对正在成长的女生男生来说，这样的话题虽然有些突兀，有些尴尬，但让她（他）们正面认识"性骚扰"，增强安全意识，学会保护自己，这才是最重要的！

57. 多肉植物

四川省德阳市第五中学　冯　文

高三后期，面对高考，分秒必争，只为 6 月圆梦。教室内堆书成山，忙碌的时光中，有些同学对身边的人和事显得漠不关心，集体荣誉感、责任心与担当意识呈现下滑的趋势。

一天上午，我走进教室准备上课时，发现教室窗台有一点"狼狈"：一块白色的瓷砖上布满了泥土和小石子。

我指着窗台问学生们："这是怎么回事呢？"有学生回答："昨晚暴雨，大风吹起窗帘把那盆多肉植物吹翻了。"

我"哦"了一声，没有说什么，准备看看孩子们下一步会做什么。午休的时候，我发现窗台上的泥土和小石子居然原封未动……

对于高三学生，成绩固然重要，但是品德也不容下滑啊！看来需要提醒他们一下，只是我该怎么做呢？多种方案在脑中一一闪现，想着，想着，计上心来。

下午的班会课上，我说："同学们，这一节课，我想与大家分享一个小故事。"学生们一听有故事，个个伸长了脖子看着我，眼中满是期盼。

我打开了PPT，讲述了美国福特汽车的创始人福特面试的故事：

福特大学毕业后，去一家汽车公司应聘。一同应聘的几个人学历都比他高，在其他人面试时，福特感到没有希望了。轮到他时，他敲门走进了董事长的办公室，发现地板上有一张纸，便很自然地弯腰捡了起来，哦，原来是一张废纸，于是他转身把它扔进了墙角的纸篓。

董事长把这一切都看在眼里。福特刚说了一句："先生，你好！我是来应聘的福特。"董事长就发出了邀请："很好，很好，福特先生，你已经被我们录用了。"

这是一个让福特感到惊讶的决定，后来他才知道，他面试成功的唯一原因就是他那个不经意的动作，正是这一举动让董事长看到了他具有的独特品质。

从此以后，福特开始了他的辉煌之路，最终让福特汽车闻名全球。

"通过这个故事，你想到了什么？福特为什么会成功？"我问道。

刘璐璐说："福特的成功源于一个细小的动作，假如他没捡起那张废纸，或许就不会被录用，也就不会有他后来的成就。"

"那我们注重细节就能成功了吗？"我故作疑惑地问道，学生们陷入了沉思。

"让我们再来看看空降兵黄继光班班长程强的故事。"我说，"汶川大地震时，程强因逃课在校外游泳，侥幸逃过一劫。震后第二天，他看到空降兵某部赶到他所在的村子冒着生命危险奋勇救灾，程强非常感动。在这支部队踏上归途时，程强站在路边高举'长大我当空降兵'七个大字为官兵送行。十年里，他牢记这句话，不断磨砺自己，后来如愿成为了空降兵，在部队大熔炉中锻炼成长。高空跳伞，极限训练，兵王争霸，一步一个脚印，程强如今成长为空降兵部队黄继光班第 38 任班长。一场灾难让一个懵懂的逃课少年长成铮铮铁汉。程强说，如果现在让他去救灾，他一定会恪守职责，冲锋在前。"

我问道："同学们，从这两则故事中，你们发现主人公都具有什么样的优秀品质呢？"

陈佳希站起来说："老师，我觉得他们都很有责任感，福特在面试的时候就把自己当成了公司的一员，有主人翁意识。而程强的责任感体现在他用十年时间来'破茧成蝶'，虽然辛苦，但是他却没有忘记自己的承诺和职责。"掌声顿时响起。

"说得好，一名平凡的面试者，通过一个小小的举动，显示出他内在的责任心，令董事长'怦然心动'。一位普通的学生，牢记誓言，完成蝶变，十年后让我们赞叹不已。为什么？"我顺势分析道，"因为他们有一颗闪亮的责任心！他们一直没有忘记自己的责任！那么，我们是否尽到了自己的责任呢？"

说完，我环顾四周。学生们顺着我的目光，聚焦到了教室的窗台上，露出了恍然大悟的表情，你看看我，我看看你，感觉在说：原来冯老师的目的在这啊！

窗台旁边的张翔站了起来："老师，一会儿下课，我就把窗台整理干净。"掌声再一次响起。

李玉辉也站了起来："老师，以后我们离开教室的时候，一定会把门窗关好，认真地呵护陪伴我们成长的可爱盆栽。"

我趁热打铁说道："对了，你们看这一盆小小的多肉植物，作为我们大家庭的一员，陪伴了我们三年，仅仅因为我们一时的疏忽，就导致它被风吹翻了，也没有及时去拯救它。怎么会这样呢？"

学生们露出了若有所思的表情。

"虽然我们马上就要高中毕业了，学习任务很重。但班级是我们共同生活和学习的家园，良好的学习氛围和优美的环境可以带给我们快乐，使我们成长得更快、更好。老师想对大家说，人的一生会追寻很多，学业、家庭、事业……每个阶段都有不同的目标，境遇也会各不相同，我们会遭遇时间不够、心情不好等种种不顺，我们遇到的境况似乎会和我们坚守的品质发生冲突，但是不管怎样，责任、担当等优秀品质都是我们前行的基石。多肉植物仅仅陪伴我们三年，但是优秀的品质将会陪伴我们一生。只有不忘初心，坚守根本，才能看到更好的世界。"掌声再次响起，热烈而持久。

58. 成功需要多翻几个碗

广东省佛山市高明区纪念中学　黎　强

　　进入高三下学期，按理说，学生应该主动自觉地投入学习才对，可是市里一模考后，班上竟然产生了一股逆流，部分学生不仅没有努力学习，反而放松懈怠，而且这种风气有所蔓延，半个月以来，竟有六七个同学进入了"虚度光阴"的状态。

　　在课上讲励志道理，没用；私下里找他们交流，也没见效。他们都像大哲学家一样，边听道理边点头，一副"漠视苍生"的表情。直到有一天，和其中一位同学深聊时，他才打开心扉：老师，你知道吗，我们最近不想学习，是因为我们找不到出路，我们努力了，但考试成绩却很不好，再努力下去，结果也还是考不上大学，为什么还要去努力呢？多么务实的逻辑，听起来还很有"道理"，难怪他们听不进老师们的劝告，原来他们已经"看破红尘"了。

　　从心理咨询的角度来看，这些学生的思想已形成坚硬的外壳，外来的力量是很难攻破的，当前之计，只能依靠他们内在的思想融化。于是我在第二天的自习课安排了一个有意思的游戏。

　　走进教室，我二话不说，从袋子里掏出 10 个花色一样的饭碗摆在讲台上，然后用油性笔在碗底做不规则记号，接着把三枚硬币分别放入其中三个碗内，然后随手搅乱这些碗的位置。

　　做完这些准备后，我对着满脸好奇的孩子们说："同学们，现在咱们做一个游戏，谁能在最短的时间里 50 次找到碗里的硬币，谁就是今天游戏的胜利者，老师奖励他一本心理学著作。"

听到50次，同学们都傻眼了，50次，10个花色相同的碗！这是一件多么繁琐的事情，况且未必每次都能找到。

看到没有同学举手，我就直接点了曾伟盛的名，这位"努力无用论"的"创始人"从座位走到讲台，左看右看，感到无从下手，但他还不服输："老师，你再放一遍给我看看，看清楚了我就能找到。"我摇了摇头："我让你们看清楚了，游戏就没意思了。"我特意把"我"字的音说得很重很长。曾伟盛耸耸肩表示无奈，我便让他站在一旁看别人玩。

接着又叫了几个人上来，有的瞪着眼看着讲台，几下后干脆投降；有的煞有介事地点来点去，猜了几下没找到就放弃了。我保持着微笑，一直不作解释。

终于，坐在前排的杨文鑫举手了，杨文鑫生性爽直，人称"杨大炮"。他走上前来，把所有的碗翻开，拿出硬币给大家看，然后又放回去，拨弄几下碗的位置，然后又从相应的碗内拿出硬币来，他还真能装，不停地翻开，不停地展示，大家都笑了，我也笑着叫他停下来，问一旁的曾伟盛："你会玩了吗？"曾伟盛笑呵呵地点头，我又问其他人，都表示会玩了，于是我让他们都回到座位。

"同学们，最近上帝想请你们帮他一个忙……"

孩子们都惊奇地看着我。

"他最近一直无法控制自己，自从咱们一模考后他就笑个不停，笑得肚子都疼了……"

有同学大声地问："为什么呀？"

"难道你们没有听过一句话：人类一思考，上帝便发笑？上帝说你们最近创造出了一套'努力无用论'，为此他笑了好几天，现在越来越多的人都在这样思考，所以他一直在笑，停不下来……"

他们终于明白了我的言外之意了，班上陆续爆发出阵阵大笑，杨文鑫捂着肚子说："曾伟盛，求求你，别再思考了，呵呵呵呵……"

曾伟盛也大笑："好了，好了，我再也不思考了，呵呵呵呵……"

过了片刻，我示意大家安静，意味深长地说："同学们，刚才这个游戏，有的同学不敢尝试，有的同学浅尝辄止，有的同学勇敢去做，最终，各有各的结果，你们都看到了。当你翻开第一个碗没有发现硬币时，何妨多翻几下，翻到后面就成功了。我相信你们都明白这个道理。"

我一边说，一边扫视着每一位同学，教室内很安静，可是大家眼里充满了渴望和激情。

"同学们，在学习的道路上，在人生的道路上，我们都不清楚我们做的事是否一定能成功，但是有一点很清楚，如果你把所有的可能都去实践一下，那你就会成功，而且一定会保持成功！"

听到这里，很多同学都领悟地点着头。

最后，我把一本维克多·弗兰克尔的《活出生命的意义》奖励给杨文鑫，在一片喝采声中结束了这次微班会课。

59.30 天的力量

四川省德阳市第五中学　王　星

　　距离高考只剩 30 天，班里一些学生在 4 月份高强度的周考轰炸下，很是疲倦，还有些学生在当月的每次考试中成绩都没有达到理想状态。看着时间一天天减少，焦虑、疲惫、懈怠等情绪在教室里潜滋暗长。

　　看到孩子们迷茫而无助的表情，着实让人心疼。我一直在想，如何让他们利用好这最后 30 天，相信 30 天也是可以创造奇迹的呢？

　　晚自修前，我在黑板上写下了大大的几个字："30 天的力量！"可几个孩子看了看黑板和我，又黯然地埋头于作业堆里。

　　上课铃响了，我说："同学们在这次'三真题'中见到了武大靖的名字，知道他在 2018 年冬奥会上赢得了 500 米短道速滑的冠军，但很多同学却不知道武大靖颜值几何，有怎样的经历，下面我们就来补上这一课，看看他的视频，好吗？"

　　正为备战高考忙得焦头烂额的孩子们一听说看视频，立刻发出了欢呼声，埋头写作业的孩子也抬起了头。

　　视频《武大靖的 21 岁：前面的路很难，但是你还得走》，讲的是武大靖 2018 年在平昌赢得男子 500 米短道速滑冠军后回顾自己的成长历程，一路走来，武大靖真的不容易。同学们都聚精会神地看着。

　　短片最后武大靖说"前面的路很难，但是你还得走，因为走过了黑暗就是光明"时，我看到不少同学的眼睛里都散发出坚定的光芒，我知道他们的内心被深深地激励着。

看完视频，我笑着说："同学们，现在我想请大家回答我一个问题：武大靖在参加世界级比赛前的处境是怎样的？"学生们齐声回答："不好。"我又追问："如何不好了？"孩子们马上七嘴八舌地说道："被教练抛下，不带他参加世界级比赛。""只是一个陪练。"有个男生还大声补充："还是陪女生训练。"大家听后都笑了起来。

我跟着孩子们笑，笑完了，我又问："武大靖本人如何评价当时的自己？"孩子们说，他说他没有天赋、耐力不好、爆发力不突出。我听后说："概括一下大家的回答，就是两个字'不行'，四个字'没有天赋'！"孩子们听后会心地笑了起来。"但是他却由这样的起点成长为世界冠军。"我顿了一下，又说，"想再看一下他逆袭的方法吗？"孩子们若有所悟，纷纷点头，于是我把视频切换到我早就剪辑好的地方。

因为是带着问题去看，孩子们看得比上一次更专注。看完后，我请大家归纳武大靖逆袭的方法。浩杰很认真地说："他不想一直当陪练，他想赢得参加比赛的机会，因此抓住教练带其他队员出去比赛的这一个月刻苦训练。一个月后，教练发现他和之前不一样了，就带他去参加了两个世界级比赛。"

我听后说："对呀！孩子们，在这一个月里，武大靖不甘心进国家队之前的拼搏、付出归零，不甘心只是待在国家队里当个陪练，他没有因为教练没给他机会就放弃自己，没有因为自己'不行'而放弃自己。相反，他舍弃了一切妨碍他赢得机会的事情，进行了严格的自我管理，自己给自己当教练，每天看以前的视频，找出问题，然后针对问题训练，练到嘴唇发白、看东西出现重影的程度。一个月后，他终于赢得了参加世界级比赛的机会。是什么让武大靖做到由没有资格到有资格的？是想赢的内心，是不放弃，是坚持，是刻苦练习！一个月的时间很短，只有30个日夜，但是一个月又很长，长到可以为你的一生奠定基石。武大靖利用30天时间实现逆袭，从边缘队员成长为核心队员，成为人生的赢家。30天的时间成就了'凡人'武大靖的奇迹。30天也能成就你们的人生奇迹，我们也可以充分利用好这30天，像武大靖一样绝不放弃，坚持到底，认真分析各次考试的问题，有针对性地解决问题。对吗？"

孩子们听后，都点点头。

我问："同学们，大家知道'赢'这个字是怎么写的吗？"我在PPT上打出一个大大的"赢"，指着这个字说："'赢'是个象形字，它是由亡、口、月、贝、凡这几个字构成的。在我看来，这五个字代表了五种意思。'亡'是我们要有危机感，有危机感就会想办法去改变。'亡''口'结合指我们要少说多做。'月'就是时间，指我们这一个月。'贝'就是知识。'凡'就是专注做好每一天的事情，专注学好每一个知识点。这五个方面连起来就是静下心来，用一个月时间，积累每一个知识点，去赢得人生的大考——高考。"

孩子们听后，都不由自主地鼓起掌来。此时，我在他们的眼神里看到了热情和渴望。好，我们又将一起出发。

60. 神奇的机票

重庆市中山外国语学校　杨　武

　　6月1日，离高考还有五天，我准备给学生上高中阶段的最后一节微班会。在这节微班会上，我想送给学生们一份特别的礼物，这份礼物我思考和准备了足足一个月的时间。

　　上课铃响了，我用一个精美的盒子装着45份特别的礼物，走进了教室。

　　"同学们，你们还记得三年前，我给大家上的第一节班会课吗？"我认真地问道。

　　同学们又惊讶又茫然。惊讶的是我怎么会突然问起三年前的班会课，茫然的是被试卷砸晕的他们如何记得起三年前的第一节班会课呢。

　　我在电脑上呈现了我当年课件的第一页——"香樟苍翠，玉兰盛开"。

　　"老师，我想起来啦！你讲的是你的大学生活。"刘志鹏抢先回答道。

　　"是的，我讲的我的大学生活！"

　　我很高兴，一个题目和一张图片就唤醒了他们的记忆。我接着说："三年前，我介绍了我的大学，而今，你们将要去往你们的大学。五天后，你们将奔赴高考考场，我相信，你们都会拿到心仪的大学入场券，然后在8月或9月去往你们的理想大学，杨老师没什么礼物送给你们，就给你们每人订了一张去往理想大学的机票！"

　　"天哪！""哇！"惊讶声、掌声不断。同学们很激动。

　　"杨老师，你怎么知道我们去哪儿呢？"贺元萍半信半疑地问道。

　　"我送你们的机票不是一般的机票，而是一张神奇的机票，只需要你填好你的目的地，这张机票就可以带你去往那里。"我用略带神秘的语气告诉他们。

同学们笑了，灿烂的笑容洋溢在他们的脸上。

看着同学们笑容，我非常欣慰。高三的学生，在此刻还可以拥有如此灿烂的笑容，实属不易。我没有继续卖关子，而是从那个精致的盒子里拿出了一叠"机票"。

这是我特意为学生设计的一张类似机票的卡片，正面可填写他们的姓名、理想大学等信息，背面是我写给他们的一封信。

电脑里播放着日本陶笛大师宗次郎的《故乡的原风景》作为背景音乐，我请每个学生走上讲台，用双手把每一张"机票"都真诚地递到学生的手中，并说一句："祝你登机愉快！Good luck！"

每个同学都拿到了"机票"，我看他们的表情，有淡淡的喜悦，有淡淡的忧伤。

我笑着说道："同学们，'机票'的正面是你们的登机信息，请你们填写完整，背面是我写给大家的一封信，我想为大家读一读，这信，与高考无关，与未来有关。"

接着，我深情地朗读——

亲爱的你：

不得不为你订一张去往远方的机票了，虽然我很不舍。

号角已经吹响，你也即将起航，拥抱着青春，怀揣着梦想，去往属于你的远方。

此刻，我有莫名的感伤，但，想到你们成功的场面，瞬间抹掉了所有的感伤。

相逢即是缘，日久情更深。三年的高中生活里，我们之间有很多很多的美丽，这些美丽在青春里发酵，历经悠悠岁月，一定会美丽我们的每一天，美丽我们平凡又美丽的人生。

亲爱的，你要远行了，"愚师无所有，聊赠一锦囊"，愿意收下吗？

这个锦囊里盛放着四个关键词。

第一个关键词是"健康"。你要多锻炼身体，拥有健康的体魄，你的生活才会更有品质，才会更容易拥有"诗和远方"。

第二个关键词是"善良"。在现实生活中，你也许会遇到很多不善良的事情，这也很正常，因为每个人的想法是不同的，我们要学会包容别人的不善良，因为我们无法改变别人的行为，但是，我们可以左右我们的思想，我们应该善良。

第三个关键词是"坚韧"。东坡先生说得好——"古之立大事者，不惟有超世之才，亦必有坚韧不拔之志"。在岁月的进程中，你慢慢去体会这句话吧！

第四个关键词是"孤独"。孤独，不是意味着与世隔绝，这不是一种状态，而应该是一种心境。一个敢于孤独的人，应该是一个善于思考的人。黎巴嫩哲人纪伯伦说："孤独，是忧愁的伴侣，也是精神活动的密友。"一个人一定要有属于自己的精神世界，而且，自己的精神世界一定要宽广，这样，才可以在自己的精神世界里恣意地旅行。

亲爱的，请记住，要有健康的身体，要有善良的品质，要有坚韧的意志力，要敢于静心享受孤独。

亲爱的，把我们一起在中山10班奋斗的岁月，风干，腌起来，到老的时候，下酒。如何？

永远爱你的杨老师

二〇一七年六月一日

念完信，学生沉默。突然，掌声响起！

"同学们，最后，我想告诉大家，这张'机票'会载着你飞得很高，飞得很远，但请记住，无论你飞得多高，飞得多远，你们都会一直在我的心里。"